命燃やして

山一監査責任を巡る10年の軌跡

公認会計士
伊藤 醇

監査人は、山一證券の経営破綻における5件の損害賠償請求訴訟において、4件に勝訴（1件に和解）した。内、17年2月24日大阪地方裁判所では、「本件各監査証明をしたことについて過失がなく、原告に対し、本件有価証券報告書の記載が虚偽であることにより生じた損害を賠償する責任を負わない」と判示され、監査に過失が無いことがはっきりと認められた。

しかし、何故、2648億円の損失が監査手続によって把握できなかったのか、その理由・実態はどうであったかを明らかにすることは、山一監査を担当した監査人にとって義務であろう。

これが本書を出版する第一の理由でもある。

つまり、本書において、監査人は、山一證券の経営破綻後、これまで明らかにされてこなかった「含み損を隠し続けることが出来た原因」、山一證券が監査人に対しておこなった「監査妨害行為の実例」、監査手続によって問題点に到達できなかった「山一事件を巡る特異性」を明らかにする。そしてさらに、監査責任を巡って監査人が経験した法廷闘争を白日の下にさらし、「期待ギャップ」の解消、監査制度の健全な発展に寄与したい、と考える。

念のため書き添えるが、決して、特定の個人、団体を誹謗・中傷するために、本書を出版するものではないことをご理解いただきたい。

はじめに

山一證券の経営が破綻した後、多くの論者によって山一事件を巡る著書が出版された。山一が最初に日銀特融を受けた昭和40年当時の事情を調査研究した大学教授が引続き今回の破綻について発刊した著書、ドキュメンタリー作家や出版社社員による著書、さらには山一の社員、元役員による著書、――この中には経営が破綻した時、中枢部署に勤務していた社員による著書も見られる。そのうえ、新聞社社会部が刊行した著書など、多くの論者がそれぞれの視点から山一事件を題材にして、競うように発刊した。筆者は、山一事件解明のために参考となる情報が記述されていないかに留意し、これらを読破した。

事件の遠因となった平成4年1月1日施行の改正証券取引法は、証券会社の取引行為に対して、それまでの顧客に対する事前の利回り保証行為の禁止に加え、新たに事後的な損失補填取引の実施をも禁止した。これによって事前・事後を問わず、損失補填取引などの利益供与取引を違法な行為とすることに改正されたのである。山一事件の核心は、証取法の改正によって表面化することができなかった含み損の存在を、平成9年11月に自主廃業を決議するまでの間、何故、山一が隠し続けることが出来たのか、という点にあると思われるが、この核心部分について論述した著書は見当たらない。いずれの著書も、経営の破綻に至ったプロセスを後追いするだけである。そして、含み損を隠し続けることが出来た原因を監査が十分でなかったことに繋げるが、このような整理の仕方は、山一事件の実態を的確に記述していないばかりか、明らかに間違いである。

筆者は、山一證券の監査を通して、経営トップの方針のもとに実行された会社ぐるみの隠蔽工作、しかも、一切報道されないため誰一人として著述していないが、「信託銀行」、「大口顧客」、「国際的なアカウンティングファーム」など、多くの第三者を利用した監査妨害行為がいかに強烈で、監査手続の効果を減殺し、監査の果たすべき機能を無力化させるかを身を以って体験した。そして、当時の監査実施準則に定められていた「通常実施すべき監査手続」を実施しても、山一が隠し続けた含み損の存在に辿り着けなかった原因を調査し、事件の核心部分を把握した。

他方、山一の監査責任を巡る訴訟は、平成19年5月に、最後まで係属した株主による集団的な損害賠償請求事件に対する請求棄却の判決が大阪高等裁判所において下されることによって実質的に幕を閉じた。9年11月の経営の破綻からここに至るまでの10年間、筆者は、マスコミを始めとする関係者から、監査責任追及の大合唱に責められ、叩かれ続けた。就中、一枚の監査調書を調べることもなく監査責任の有責性を報告した「法的責任判定委員会」の「最終報告書」に端を発し、この「最終報告書」を書籍に執筆して誤った情報を広く社会に流した「新聞社社会部」、さらには、自ら何一つ調査せずにこの「最終報告書」を無批判に受け入れて監査責任を追及した山一「破産管財人」、そして監査責任に関する「マスコミ報道」など、「法的責任判定委員会」の「最終報告書」という一つの誤った情報によって、筆者は計り知れない損害を被り、職業的専門家としての人生を台無しにされてしまった。冒頭に掲げた山一を巡る数多くの著書にも、この「最終報告書」の内容が正しいことを前提として監査責任を問題とする記述が多く見られ、誤った「最終報告書」の影響の強さを思い知らされた。監査会社の経営が破綻すれば、実施した監査の内容如何に拘わらず、監査人が一方的に責任を追及されるのが当然という誤った認識・誤った風潮は、山一の監査人を以って最後にしてもらいたい。

幸いにも山一株主による損害賠償請求訴訟を担当した大阪地方裁判所・同高等裁判所の裁判官は、誤った「最終報告書」及びこれを書籍に執筆した「新聞社社会部」やマスコミの誤報に影響されることなく、裁判官自ら関係当事者に対して詳細な調査を実施して、事件の実態を的確に握握されたうえ、証拠として提出した監査調書を審理し、監査に過失がないとの判決を下したのである。

然し、2648億円の損失が隠蔽されていたことに変わりがない。何故、この損失が監査手続によって把握できなかったのか、その理由・実態はどうであったかを明らかにすることは、山一監査を担当した監査人にとって義務とも思える。これが本書を出版する第一の理由である。

筆者が監査業務を開始したのは昭和38年であるが、この年は、昭和30年代後半から40年代の初頭にかけて、わが国の上場会社による粉飾決算事件が多数表面化した時期であった。そのような状況の中で、粉飾決算を監査人に見破られないための実に巧妙な不正経理の手口を、当時、大蔵省担当官が公認会計士協会の機関紙「ＪＩＣＰＡ　ＮＥＷＳ」（１４１号）に投稿された。筆者は、この詳細な報告を目にし、強いインパクトを受け、製造業の監査における不正経理の手口を考える際の参考資料とした。それからおよそ40年を経過しても、不正経理を巡る不祥事は相変わらず続くばかりか、公開会社数の飛躍的な増加に伴う経営者の資質・モラルの低下が顕著となり、さらには、企業規模の拡大に伴う管理体制の不徹底、経営者に対する短期的な視点に基づく利益確保のプレッシャーの増大などの理由により不祥事の発生件数は増加の一途を辿る。さらに、大きな不祥事にまで至らないが、過去の決算を訂正する会社の数が桁違いに増加し、監査人が置かれている環境が、正に前途多難であることを示している。

山一事件は、会社が自らの延命を図るために社内における組織的な隠蔽工作のみならず、第三者をも利用して監査妨害がなされたケースであるが、このような監査妨害行為の実例を明らかにすることは、公認会計士・監査役など監査業務を担当する者にとって問題の発見に役立つばかりか、自らを防禦するための道が開け、監査リスクを回避できる確率が高まると思われる。わが国もいよいよ訴訟社会へ向かって歩み始めた。山一事件において監査責任を巡って筆者が経験した法廷闘争を始めとする様々な情報を明らかにすることが、経営が破綻した会社の公認会計士・監査役にとって、実施した監査手続の適法性を立証し、自らの身を守るために、少しでも役立ち得ることを切望してこの著書を著すものである。同時に、四面楚歌に陥り奈落の底に突き落とされても実施した監査手続に確信を持って立証を繰り返せば、必ず、苦難を乗り越えられることを伝えたい。これが出版を決めた第二の理由である。

以下、山一の経営破綻後に提出された「調査報告書」の不十分な点、監査責任に関する「法的責任判定委員会」による「最終報告書」が誤っている理由、監査人に対する損害賠償請求訴訟における争点・判決の要旨などを示し、これらに対する監査人の意見を明らかにする。

最後に、監査手続によって問題点に到達できなかった理由、山一事件を巡る特異性を記述し、読者のご批判を仰ぐものである。

なお、監査責任の判断基準となる監査基準・監査実施準則などの「監査の基準」は、時の経過に応じて改訂されたが、本書の記述は、監査実施時に適用された「監査の基準」に基づくものであることを予めお断りする。

本文中に引用する記事中の、山一證券の訴訟に関する個人名・個人情報は伏せさせていただきました。

目　次

第2章 監査責任に関する公的機関の判定と「法的責任判定委員会」の誤った結論

第3章 「法的責任判定委員会」報告書誤りの具体的理由 48

第4章 残念な破産管財人訴訟における和解勧告の受け入れ 64

第5章 山一株主訴訟の概要と東京地裁・東京高裁における監査人の勝訴判決 92

第6章 過失が無いことを認めた判決と「職権による和解勧告」との比較論評 102

第8章 真実に反する報道・著述及び判決に対する見当違いの批判論文の出現 140

命燃やして
山一監査責任を巡る10年の軌跡

第1章　社内調査報告書に対する監査人の見解

1　調査報告書の意義

平成10年4月、山一證券（以下　山一という）は、社内調査報告書（以下　調査報告書という）を発表した。調査報告書は、突然の経営破綻の中で、山一社員が最後に見せた真相究明に対する使命感の結晶と言える。社員全員が数ヵ月後の10年3月末日を以って解雇されることが発表され、転職先を探さなければならないという環境の中で、隠蔽工作などにかかわりのない社員が中心となって困難な作業を完遂させたことは、並大抵のことではなくその熱意、努力は高く評価できる。

調査報告書が公表された時、損失発生の過程、破綻に至るまでの社内の葛藤、4社横並び意識が強く最後まで正しい決断を出来なかった経営陣に対する批判、最終段階における監督官庁との折衝などの破綻の過程が克明に報告されたことに対し、「全容解明に向けた第一歩となりそうだ」（平成10年4月17日　日本経済新聞）と評価し、ここから、さらに全容の解明が期待されるとの冷静な報道、あるいは、「山一の調査委員会は公平だったのか」（VARDAD　平成10年8月）との報告内容に対する批判的な報道も見られたが、概して、マスコミの反応は好意的であり、真摯な報告に対し、山一の墓碑銘と位置づける報道も見られた。

2　第三の調査目的に対する調査の欠落

調査報告書の冒頭の調査目的には、

❶いつ、どのようにして、誰の決断により簿外債務が発生したのか
❷その原因は何であったのか
❸なぜ、その後、巨額の簿外債務が発覚しなかったのか

の3点の解明を目的とすることが掲げられている。だが、第三の目的に関する調査は、極めて不十分と言わざるを得ない。僅かに平成5年の大蔵省検査における虚偽の回答だけが山一の隠蔽工作として報告されているに過ぎない。会計監査を想定して山一が周到な準備のもとに実施した隠蔽工作に関し、一言半句も報告していない。この一事を以ってしても、「なぜ、簿外債務が発覚しなかったか」については殆んど調査していないと言えるのである。

山一事件は、会社の命運を賭して経営トップの方針の下に「複数の信託銀行」、「大口顧客企業」、「国際的なアカウンティングファーム」などの第三者を巧みに利用して隠蔽のカラクリを構築し、それを実行したという点で前代未聞の隠蔽のスケールを備えた事件なのである。通常、第三者が作成した資料は監査人にとって、監査証拠として信頼できるものであるが、第三者が作成して山一へ提

出した事実に反する「報告書」、「確認書」などが監査の資料として提示されたのである。山一役員の「証券取引法違反、商法違反の罪」に問われた刑事事件の裁判記録の中に、山一が信託銀行へ協力を依頼し、さらには、大口顧客が山一の要請を受け入れて虚偽の「確認書」を提出した事実が山一の関係者や当事者である第三者の供述により明らかにされている（H10・2・23付証券取引等監視委員会【以下　監視委員会という】証券取引特別調査官作成質問調書及びH11・3・30付第38回公判記録、H10・3・26付監視委員会　同調査官作成質問調書）。

社内で作成して監査人へ提出する資料も、含み損の存在を発見される端緒となりそうな点を徹底して隠蔽したことは、実行した社員の供述や押収された資料により明白にされている。刑事裁判記録には、隠蔽工作を裏付ける客観的な資料が多数存在し、監査人に対する徹底した隠蔽工作の証跡が残されているにも拘わらず、調査報告書の「なぜ、その後、巨額の簿外債務が発覚しなかったのか」に関する調査は、これらの隠蔽工作の存在に全く触れていない。刑事裁判記録に加え、破綻後に監査人が知りえた多くの隠蔽工作の内容に照らしても、隠蔽工作に関する調査を殆んど行っていない内容と言えるのである。

隠蔽工作の具体的な内容がどうであったか。以下、第三者の利用によるもの、内部工作によるものに区分して調査の欠落部分を記述する。

3　第三者を利用した隠蔽工作

(1)　信託銀行を隠蔽工作に利用した事実が報告されていないこと

①　特金契約を締結して財産の運用を委託した委託者に対し、信託銀行は、運用の実態と成果を報告する義務を負う。山一の破綻直前の決算期である9年3月期に2つの信託銀行が作成した「運用状況報告書」には、資金の運用内容として数銘柄の国債を所有していること、その国債を報告日の時価で評価すれば含み益が発生していることを報告していたのである。すべて貸付けられていたにも拘らず、貸付国債残高の存在を報告していない。そればかりか特金口座を開設した平成4年以降の全契約期間を通して、2つの信託銀行は、貸付国債残高の存在を一度も報告していない。

監査人は、このような信託財産の、実際の運用状況とは異なる内容の「運用状況報告書」を監査資料として山一から提示を受け、特金勘定の実在性及び評価の妥当性を検証したのである。加えて、これらの国債を含む信託財産の合計額にかかる「残高確認書」を信託銀行から直接入手して実在性を検証した。その結果、監査人は、特金勘定残高の妥当性を確かめるために、これ以上の監査手続の実施を要しないと判断した。然し、含み益が生じている国債を所有していることを報告したにも拘らず、信託銀行は、実際には国債を所有していなかった。

②　調査報告書は、調査の第三目的の調査結果として「ペーパー会社による簿外債務の管理と隠蔽」の項で、特金を利用した債券貸付のスキームの存在を報告する。

然し、肝心の特金の「運用状況報告書」に貸付国債残高の存在が一度も報告されていないことに関し、何故、調査しなかったかが悔やまれる。恐らく、委託者（山一）が、信じて託している信託銀行が作成した報告内容であるから、当然、信託銀行は貸付国債残高の存在を正しく報告していると決め付けて調査しなかったと思われる。もし、貸付国債残高の存在が全く報告されず、どの時点の「運用状況報告書」にも、信託銀行が、国債の現物を所有することを報告している事実に気が付けば、当然、信託銀行に対して何らかの調査を実施したと思われる。

この調査を行えば、2つの信託銀行にわざわざ山一の取締役が出向いて、事前に特金口座の開設を依頼した事情を把握し、信託銀行の誰に対して、何を依頼したかが判明したことと思う。その結果、調査報告書において、2つの信託銀行は、貸付国債残高の報告に代えて国債の現物を所有していることを報告し続けたという、前代未聞のスキャンダルの存在を社会に発表出来た筈である。既に信託銀行の名義を離れ、貸付国債の返還請求権しか有しない受託財産の状況にも拘わらず、国債を所有しているという「運用状況報告書」を提出し続けた事実を報告出来た筈である。つまり、「なぜ、発覚しなかったのか」に関する山一事件の最大の問題点を解明し、10年4月の時点で社会に発表出来た筈である。

残念ながら、調査委員会は、「なぜ、発覚しなかったか」という調査目的を掲げていながら、特金に関して最も基本的な資料である「運用状況報告書」の報告内容を調査しなかったために、信託銀行による事実に反した報告の存在を全く知らずに報告書を作成したのである。

⑵　大口顧客から虚偽の確認書を入手して、大蔵省及び監査人に対して虚偽の回答を行った事実が報告されていないこと

損失補填取引が社会問題化した平成3年7月、監督官庁である大蔵省は、顧客の運用リスクを証券会社が負担するような事態の発生を回避するため、顧客が自ら投資顧問会社と契約を取り交わすこと、あるいは、顧客が自らのリスクにおいて運用することを証券会社に対して確約させることを指導した。

証券会社の会計帳簿には顧客の運用損益が記録されない仕組みになっているため、監査人は、平成3年9月中間期の監査において、大蔵省によるこの行政指導をどのように履行しているかを確かめるために山一に「質問書」を提出した。この質問に対して山一は、大蔵省の指導対象となるすべての顧客から、運用のリスクが顧客自身に帰属することの確認書を取り付け、顧客の運用リスクが山一に帰属する取引が存在しないと回答した。しかも、大蔵省に報告した書類のコピーを提示したので、監査人は、これらの資料から、顧客の運用損失が山一に帰属しないことを確かめ、この報告書のコピーを受領し、「質問書」とともに監査調書としてファイルした（まさか、このときの「質問書」及び入手資料が、14年後の損害賠償請求訴訟において、当時、監査人が実施した監査手続を立証し、さらに、山一による監査妨害行為の存在を立証するために重要な役割を果たすことになるとは、夢にも思わなかった）。

刑事裁判記録によれば、既にこの時点において、山一が、証券会社にとって生殺与奪の権を握る

といわれていた大蔵省に虚偽の報告書を提出したこと及び顧客が、山一の要請を受け入れて、事実に反する確認書を提出したことが供述されている。

　このようにして集めた虚偽の確認書に基づき、大蔵省に対して虚偽報告し、さらに、監査人の質問に対して虚偽回答を行ったことが判明した。

　そのうえ、山一は、平成3年9月中間期に監査人に対して、

「特定の顧客の投資利回りの確保、投資損失の補填等、証券取引法、大蔵省証券局長通達に反し、投資家の公平を損なう取引は行っておりません。」

との虚偽の陳述書を提出した。以後の決算期・中間決算期の監査のたびに、山一は、経営者自ら同趣旨の虚偽の確認書を提出し監査人を騙し続けたが、調査報告書にはこのような重大な事実の報告が一切ない。

(3)　国際的なアカウンティングファームの虚偽の確認書を利用して、海外子会社の監査人を騙したことが報告されていないこと
「海外の簿外債務」について、調査報告書は、含み損を有する仕組債が海外子会社である山一インターナショナルオーストラリア（以下　YALという）を通じて、顧客との間で売現先取引が行われていたことを報告する。海外ペーパー会社（海外子会社ではない）の設立及び管理業務を受託したのは、国際的なアカウンティングファームである。

刑事裁判記録には、このアカウンティングファームが、ペーパー会社に関する業務の受託に際して、同ファームに迷惑をかけない旨を明らかにした異例の念書を山一から取り付けたこと（H10・3・6付東京地方検察庁検察官作成供述調書）が明らかにされている。

しかも、このペーパー会社と山一の海外子会社との間で行われた多額の債券売買取引に注目した海外子会社の監査人は、海外子会社の取引相手の会社（実はペーパー会社）がどのような会社であるかを海外子会社の経営者に質問したが、その都度、親会社である山一は、このアカウンティングファームに依頼して、海外子会社の監査人が質問している取引相手は、同アカウンティングファームのクライアントであり、健全な財務内容の会社である旨を記載した虚偽の確認書を同ファームから取付けて、海外子会社の監査人へ交付した事実も明らかになった。このようにして海外子会社の監査人を騙して、山一は、海外子会社の監査を発端として海外のペーパー会社の発覚を防いだが、調査報告書には、国際的なアカウンティングファームを利用して海外の含み損を隠蔽したという重大な事実の報告がない。

前記⑴から⑶に記述のとおり、山一は、国内及び海外の含み損を隠蔽するために、「信託銀行」、「大口顧客」、「国際的なアカウンティングファーム」などの第三者を巧みに利用したが、調査報告書には、山一による第三者を利用した計画的、組織的な隠蔽工作に関する報告が一切ない。僅かに、大蔵省検査において、虚偽の資料を提出したことの指摘に留まる。このため「なぜ、その後、巨額の簿外債務が発覚しなかったのか」に応える目的からは程遠い報告で終わっている。

4　内部における隠蔽工作

(1)　監査人の権限の及ばないところに問題を封じ込めることによる隠蔽工作が報告されていないこと

含み損のある有価証券を所有するために国内に設立した会社、仕組債による操作のために海外に設立したペーパー会社は、いずれも山一の子会社、関連会社に該当しない。山一は、監査権限が及ばないばかりか、その存在さえ監査人が把握出来ないように実に巧妙な仕組みを構築した。

調査報告書は、これらの会社が隠蔽工作のために存在したことを明らかにしているが、隠蔽工作に利用した会社の株主構成を監査権限の及ばないように仕組んだという重大な事実に関心を払った気配さえ感じられず、この点に関する調査が完全に欠落している。

(2)　監査手続を想定した隠蔽工作が報告されていないこと

①　特金を新たに設定する時、監査人は、社内における承認手続を確かめるため、設定にかかる稟議書、契約書を閲覧する。山一は、この監査手続が行われることを想定して、社長の決裁印を押印した稟議書に真の設定目的を記載せず、関連する各部署の担当役員の賛成意見を記載して体裁を整えている。さらに、契約書には債券の貸付が行われることを記載せず、貸付取引については、別途、覚書を作成し、監査人にはこの覚書を提出しないという周到な隠蔽工作を行った。

②ところで、調査報告書には、ペーパー会社の資金調達の項に、ペーパー会社は、借入れた債券を山一の売現先に出して資金を調達したことが報告されている。然し、実際にはそのように単純な構造ではないことも明らかになった。

山一は、ペーパー会社との現先取引が、中間決算日、期末決算日を跨いで行われる時には、監査時に現先取引残高の監査からペーパー会社の存在を把握されることを回避するため、現先取引ではなく「売切り」契約にした。こうすることによって、中間決算日、期末決算日に現先取引残高が存在しないばかりか、監査人が期中監査時に、たとえ、ペーパー会社との現先取引を監査の対象としても、その取引は、適正な時価によって売買が行われ、代金の決済と債券の受渡しが約定どおりに履行されて取引が完結しているので、何ら疑念を抱かせない。この操作によりペーパー会社に対する資金供与の発見を完全に防禦した。

そのうえ、特金口座で所有していた国債のうち660億円については、ペーパー会社が期中・期末に拘わらず現先取引ではなく、「売切り」処理を行った事実も明らかにされている（H10・2・8付、及びH10・3・6付監視委員会証券特別調査官作成質問調書）。つまり、特金の設定時及びその運用による資金の供与の両面における会計処理の段階で、山一は、監査手続を想定したうえ、周到な隠蔽工作を実施したのである。

調査委員会は、監査人に対する隠蔽工作の内容を全く調査せず、現先取引が間断なく継続していたものと誤認し、資金を供与した取引の存在を監査手続によって把握できる端緒が全く存在しないことを完全に見落した。

③そのうえ、刑事裁判記録には、信託銀行の要請を受け入れて債券の貸付先を山一エンタープライズ（以下 ＹＥＰという）としたことが記録されており、かつ、ＹＥＰは、債券の借入取引・貸付取引及び借入料・貸付料を会計帳簿に記録しなかった事実が明らかにされている。調査委員会は、ＹＥＰの決算書を一読すれば、多額な債券の借入残高・貸付残高が記載されていない事実が直ちに判明したにも拘らず、この調査を行っていない。もし調査すれば、ＹＥＰの決算書から信託銀行を利用した「貸債スキーム」を発見することは、内部者による情報の提供ないしは、山一が事実を明らかにする以外に方法がなかったことを認識出来たと思われる。

④さらに、監査人は、6年3月期の監査時に当時存在した特金10口座の運用の中に含み損が発生した口座があったので、何故、特金契約を続けるかを質問した。山一は、この質問に対して、大蔵省が監督の指針として重視する「自己資本規制比率」の算定上、特金勘定の中に株式や国債を所有しても、特金勘定残高が預金として認識されリスクがないものと看做して「自己資本規制比率」を計算することが定められているので、商品有価証券勘定で所有するよりも、同比率を高く維持出来ることが特金を設定する理由であると回答した。しかも、その際に、どの程度「自己資本規制比率」が高く計算されているかを具体的に算定した資料を提出した。監査人は、この説明書を監査調書として保管していたので、当時の監査の実施状況を裏付け、同時に、監査妨害行為の存在を立証する証拠として利用した。「自己資本規制比率」の多寡は、証券会社がより多くの利益を獲得するために

商品有価証券をどれほど多く所有できるか、という取引規模に直接影響を及ぼす指針であったので、実態を隠すためには実に巧妙な説明であった。

調査報告書には、「自己資本規制比率に関する虚偽の回答」のような監査の現場における隠蔽工作が全く報告されていない。

5　調査報告書に対する監査人の見解

(1)　第三目的設定への疑問

第三目的に関する報告は、調査の目的に叶う報告内容となっていないにも拘わらず、「なぜ、その後、巨額の簿外債務が発覚しなかったのか」を、わざわざ調査目的に掲げたのか疑問である。

特に、調査報告書の「簿外債務の発生」の章には、社外のホテルにおける秘密会議の席上、含み損を抱えた有価証券を引取るためのスキームを打合せた時に、その席にはじめて出席した財務担当取締役が「会計士に相談したい」と発言したが、経営トップにより拒否された事実が報告されているので、その後、会社として監査人に対してどのように対処したかを調査すれば、山一が実施した監査妨害行為の内容を容易に把握できたと思われるが、この点の調査が欠落したことは残念である。

(2)　破綻の直接的原因追及の力不足

山一の社債は、破綻後ではなく、破綻前に海外の格付機関により投資不適格銘柄へ格下げされ、山一は資金調達市場から締め出され、資金繰りがストップしたという破綻の直接的な原因への言及がなされていないことも物足りなさを感じさせる。

(3) 社内調査の限界

刑事裁判記録には多くの役員が検察庁の調査対象者として登場するが、国内及び海外に含み損を抱えた有価証券が存在した事実を、山一證券の歴代の取締役及び監査役は、どの程度知っていたのか。含み損の正確な数値を知らないにしても、決算内容に全く疑問がないと認識していた役員がどの程度存在したのかに関する調査の欠落は、社内調査の限界を感じさせる。

これらの状況を考えると、調査委員会は、調査のために許された時間内で第三目的については、隠蔽工作に直接関わった役員、社員が社内調査と並行して検察庁による取調べ、監視委員会による特別調査への対応を優先せざるを得ない状況にあったため、肝心の当事者への調査が十分に出来ず、第一、第二目的の調査の過程で知り得た情報の範囲で纏めざるを得なかったものと推測される。

ただ、同報告書は、監査責任を追及することなど眼中にない状況下において作成されたと思われるので、第三目的に対する調査の欠落は止むを得ないものと考えられる。

第2章　監査責任に関する公的機関の判定と「法的責任判定委員会」の誤った結論

1　公的機関の判定

実施した監査の内容を巡って、監査人は裁判所を含む多くの公的機関により、法令（監査基準・監査実施準則　以下「監査の基準」という）に照らして正当な注意義務を果たした内容であったか否かについて、実に長い間に亘って調査・審理を受けた。その概要と結果は次のとおりである。

(1)　証券取引等監視委員会への監査調書の提出

山一の自主廃業が報道された平成9年11月22日は、たまたま秋分の日を挟む三連休の初日であった。監査人は、休日明け直後の27日に監視委員会の訪問を受け、3年3月期から9年3月期までの7事業年度にかかるすべての監査調書の提出を求められた。監視委員会の素早い対応であった。急遽、外部の保管倉庫から取り寄せて翌28日、要請を受けた膨大な量の監査調書をすべて引き渡した。

監査人は、自主廃業の原因となる事実の存在を全く知らなかったため、監査調書のどこを調べられても何等不審な記録がないことを確信して引き渡した。

この監査調書は、その後1年9ヶ月間同委員会のもとに領置されたが、11年7月に用済みとして何事もなく返還された。

(2) 大蔵省金融局による調査

10年11月以降、監査人は、「大蔵省金融企画局」(従来の「銀行局」及び「証券局」を改組して10年6月22日発足)により、公認会計士法に基づく「虚偽又は不当の証明等についての処分」に該当する監査内容か否かに関する調査を受けた。

損害賠償責任を巡る審理は国内の含み損の監査を中心に争われたが、大蔵省によるこの調査は、山一の国内及び海外の含み損に関連して、発生原因、破綻に至るまでの取引経緯などを対象として、会計帳簿の記録の有無、監査手続の実施方法、実施した試査の範囲などを徹底的に調査し、監査責任の有無を判定するものであった。山一事件に関し監査人が受けた調査・審査・審理の中で最も広範囲の監査手続を対象とする調査であった。

調査期間が約8ヶ月に及び、監査人に対する直接面談も繰り返し実施されたが、11年6月を以って終了した。この調査が無事に終了したことにより、監査人は、監査責任の法的追及において大きな山を越えたという安堵感を味わった。

(3) 日本公認会計士協会綱紀委員会による調査

10年4月以降、日本公認会計士協会(以下 会計士協会という)「綱紀委員会」により、会計士協会制定の「規律規則」に違反する監査内容か否かに関する調査を受けた。山一の監査が会計士協会会員の信用を失墜させる内容か否かを監査の専門家集団である会計士協会として判定するための調査であった。同業者による調査であるだけに、膨大な量の質問や面談による質疑が行われた。同委員会の調査は、15年12月を以って終了したので、監査人は、大蔵省金融企画局の調査と同様の結論が得られることに疑念を持たなかった。

(4) 綱紀審査会による調査

然し、会計士協会理事会は、「綱紀委員会」の結論である「規律規則に違反する事実があるとは認められなかった」との答申を受理しないという異例の決議を行った。そして、新たに発足した弁護士、大学教授などの外部専門家を含む「綱紀審査会」に審査を差し戻す措置を強行した。

この決議を受けて開始した「綱紀審査会」の調査は、19年4月、「綱紀規律に違反する事実が認められない」と「綱紀委員会」と同様の判断を下した。会計士協会（理事会）から独立した機関である「綱紀審査会」は、調査の結論に関して改めて協会理事会の決議を経る必要もなく、審査会が下した結論を直ちに会計士協会会員に公表して審査を終了した。

(5) 損害賠償請求訴訟

株主による監査人に対する損害賠償請求訴訟は、監査人として心血を注いで実施した監査の内容が法廷の場で裁かれ、司法の判断を受けるものであり、不安はなく、むしろ期待感があった。

先ず、17年2月24日大阪地方裁判所（以下　大阪地裁という）第7民事部は、監査調書を仔細に

検討した結果、

「本件各監査証明をしたことについて過失がなく、原告に対し、本件有価証券報告書の記載が虚偽であることにより生じた損害を賠償する責任を負わない」と判示し、監査人に対する株主（原告）の損害賠償請求を棄却した。監査に過失が無いことを最初に認めたこの判決は、控訴されることなく確定した。

(6) 集団的な損害賠償請求訴訟

① 多数の株主による集団的な損害賠償請求訴訟においても、18年3月20日大阪地裁第3民事部は、監査調書を仔細に検討した結果、

「職業的専門家としての注意義務をもって、監査基準等で定める監査手続等を行った」と判示し、株主の請求を棄却した。

② この判決を不服とする原告の控訴に対し、19年5月25日、大阪高裁第13民事部は控訴を棄却した。

③ なお、大阪高裁の判決を不服とし、原告は最高裁へ上告したが、20年9月16日、最高裁第三小法廷は、原告の上告理由が法的根拠に欠け、上告審として受理せず、上告を棄却する決定を下した。

この決定によって、監査責任を巡る法廷闘争がすべて終結した。

以上(1)~(6)に記述のとおり、監査の過失の有無を巡る調査・審理の結果は、いずれも監査人が実施した監査手続に対して職業的専門家としての正当な注意義務を果たしたものと評価した。つまり、次項に示す「損害賠償請求の法的手続きをとるべきである」との判定委員会とは正反対の結論を示したのである。

2　判定委員会が監査責任の結論を誤ったこと

(1)　判定委員会の誤った報告と新聞社による書籍への執筆

山一の自主廃業が報道された4ヵ月後の平成10年4月、山一は、調査委員会による「調査報告書」を公表した。そして、同年5月開催の取締役会において「調査報告書」に基づく役員等の民事上の法的責任追及の可否を検討するために、社外の第三者による「法的責任判定委員会」を設置することを決議した。

スタートした判定委員会は、同年10月、調査結果を纏めて報告書を提出した。

この報告書は、

「第Ⅰ部　平成9年3月期の違法配当の責任について」、「第Ⅱ部　監査法人の責任について」及び第Ⅱ部の内容を説明するための「調査報告書」から構成される。

監査責任に関する報告部分は、

「法的責任判定の最終報告書　第Ⅱ部　監査法人の責任について」

「調査報告書（監査法人の法的責任を中心として）」

の二つである。

この報告書は、監査人に対して「損害賠償請求の法的手続をとるべきである」と結論付けた。四名の委員によって作成された監査責任に関する報告は、一枚の監査調書を査閲することなく、したがって、どのような監査が行われたかを一切調査せずに作成されたと考えざるを得なかった。

判定委員会の設置を決議した山一の取締役会は、判定委員会に対して「合議内容・判定過程及び判定結果並びに委員会活動を通じて知り得た情報については一切、第三者に漏洩しない義務を負う」ことを決議した。しかも、山一は、この「最終報告書」を社内に留めて外部に発表しなかった。然し、不思議なことにこの報告書が、11年10月に新聞社による著書『会社がなぜ消滅したか』（読売新聞社会部　新潮社　一九九九）に収録され、刊行されてしまった。これによって、監査責任に関する誤った内容が、「法的責任判定委員会」の「最終報告書」として、恰も、真実であるかのように「新聞社社会部」の名の下に広く社会に提供された。

（2）監査責任を認めた報告に対する山一の反応

この「最終報告書」が提出される前に、山一社長は、判定委員会に対して「監査法人を追及するような体力はなく、（責任追及の）ターゲットにするようお願いしたつもりはない」と回答したことが11年6月3日に新聞報道された。この記事が事実であれば、判定委員会は、判定委員会自身の判断により監査責任を追及したことになる。何よりも、複数の信託銀行をはじめとする多くの第三者を利用してまで監査人を騙し続けた山一が、監査責任を追及することなど有り得ないことは道理である。しかも、判定委員会が下した結論の根拠は、監査の経験者であれば、一読して間違いを指摘できる内容であり、監査人に対して、監査責任を負わせることだけを目的とする報告書であると思わざるを得なかった。そして、調査報告書の作成から引き続き判定委員会委員となった判定委員の談話として「監査法人の責任追及を期待したい」とのコメントが報道された。

粉飾見逃した監査法人
退職金返さぬ旧経営陣
「山一」責任追及進まず幕

経営破たんした山一証券（野沢正平社長、東京都中央区）が二日、東京地裁から破産宣告を受け、創業百二年の歴史に幕を下ろした。しかし、粉飾決算を見逃した監査法人の責任追及を見送り、旧経営陣からは退職慰労金も返還されていない。さらに、顧客から預かった資金のうち、約二十億円分の有価証券についてはいまだに引き取り手が現れておらず、清算業務の決着は二〇〇〇年を超えそうだ。

（関連記事八面）

山一は簿外債務処理にかかわった旧経営陣九人を相手取って起こした総額二十億円の損害賠償請求訴訟とは別に、昨年十二月、植谷久三・元相談役と九〇年以降の代表権のある役員十一人の計十二人に対して退職慰労金の返還を求めているが、一人も応じていない。

さらに、法的責任判定委員会が昨年十月、山一を監査した中央監査法人（村山徳五郎代表、千代田区）の責任について「中央監査法人が適正に監査していれば、簿外債務は見つけられた」とした最終判定報告書を山一に提出し、監査法人が与えた損失総額は約百億円と算定。山一に対して、監査法人を相手取った損害賠償請求訴訟を起こすよう提言していた。

会見で、野沢社長は退職慰労金の返還について「残念ながら今のところ具体的な返還の申し出はありません。管財人の判断に任せたい」とし、監査法人の責任についても「非常に大きな問題を含んでおり、会社自身が判断するよりは、裁判所から選任された機関にすべてお任せすることが適切」と語り、山一としては損害賠償請求訴訟を見送ったことを明らかにした。

しかも、山一は最終報告書が提出される前に、判定委員会に「自主廃業の身で、監査法人を追及するような体力はなく、（責任追及の）ターゲットにするようお願いしたつもりはない」などと監査法人の責任追及を断念するよう求めていた。

山一の社内調査、法的責任判定両委員会の委員だった〇〇〇〇弁護士（××）は「破たんの原因の一つとなった監査法人の責任に対する姿勢が消極的で、最後のけじめを自らが付けられなかったことは後々悔いが残るだろう。今後はぜひとも管材人に監査法人の責任追及を期待したい」と話している。

『平成11年6月3日付　読売新聞　朝刊』

3　判定委員会は何故誤りを犯したか

(1)　監査責任を裏付ける法的根拠の欠如

公正な立場から監査責任を追及するのであれば、監査人が監査証明省令により「監査の基準」に準拠する監査の実施を義務付けられているのであるから、判定委員会は、これらの「監査の基準」に照らして、何が欠けていたのかを明確にすることを要する。監査責任を「法的」に問うためには判定委員会が指摘する監査手続を実施することが、「監査の基準」、特に、どのような監査要点を確かめるために必要な監査手続が欠落したかという、過失を裏付ける法的根拠を具体的に示すことを要する。

然し、報告書には「監査の基準」のどの規定に違反したという具体的指摘が一切なく、単に、自主廃業後に明らかになった「簿外債務」の存在を前提として、こうすれば「判った筈」という内容である。この「判った筈論」は、山一が監査手続を想定した隠蔽工作を行ったため、「判った筈」という監査手続を実施しても、報告した内容どおりにならない。

このような状況にも拘らず、「判った筈論」を貫いて、「判った筈」のものが判らなかったのであるから、「故意ないしは過失」があったと極め付けるものであった。監査の内容を調査せずに、正に、机上の空論によって監査責任を追及するものであった。法的根拠を示さず後知恵によって、こうすれば「判った筈」だという指摘は空論に過ぎず、監査責任を裏付けることにはならない。経営が破綻し隠蔽されていた内容が明らかになった状況の下で監査責任を追及するのであるから、監査実施時に何が隠蔽されていたかを的確に把握しなければ、実施した監査の内容が法令に準拠していたか否かを判断することが出来ない。

然し、判定委員会は、何が隠蔽されていたかを全く調査せず、そのうえ、監査人が実施した監査の内容についても一切確かめずに報告書を作成した。このため過失を裏付ける法的根拠が存在しないという致命的欠陥を有する報告書を作成したのである。

(2) 判定委員会の調査不履行

何故このような事態に至ったのか。監査人は、その原因を次のように考える。

この種の調査において、任命された委員が自ら事案の実態を調査せずに結論を出すことなど、決して、あってはならないが、判定委員会は、調査義務を履行しなかった。後の裁判の判決とは反対の結論を導いた原因が判定委員会の調査義務不履行にあるなどということは、あってはならないことである。

判定委員会は、山一が犯した監査契約不履行の内容を全く把握していなかった。監査の実施に先立って、山一と監査人との間で取り交わした監査契約書（約款）には、次のことを合意している。

両者は「監査の重要性を認識し、互に協力して信義を守り誠実にこの契約を履行する」こと。さらに、山一は、監査人から監査に必要な資料の提出を求められた時には、「速やかに応じること」。質問に対しては、「速やかに回答すること」。そして、財務諸表に重要な影響を及ぼす事項が発生する場合は、「適時、監査人に通知すること」が定められている。

山一と監査人との監査契約は、これらを遵守することを約束しており、そのうえに監査が成り立つのである。然し、判定委員会は、監査の内容を調査しないことに加えて、山一が契約に定められた義務の履行を秘密裡に破棄し、監査人が監査契約に基づいて監査を実施（監査人としての義務の履行）することを計画的、組織的に妨害した事実を全く把握していなかったのである。

財務諸表監査は、試査により、しかも、効率的に実施することが「監査の基準」に定められている。決して、何から何まで精査して監査意見を表明する監査の手法を義務付けていない。このため、監査の委嘱者（山一）は、受嘱者（監査人）が行う監査に協力する義務を負う。監査が社会的制度として有効に機能するためには、監査人のみならず、監査の委嘱者の協力が不可欠である。したがって、監査責任の追及のためには、監査の実施状況のみならず、監査委嘱者である山一が誠実に義務を履行し、監査契約に反する妨害行為を行っていなかったかどうかを調査することが不可欠であった。この調査は、判定委員会が必ず実施すべき基本的な業務であった。
かくして、監査責任を巡る歴史に残る事実に反する「調査報告書（監査法人の法的責任を中心として）」が作成されたのである。

4 判定委員会の下した誤った結論の影響

(1) 判定委員会の報告に対する関係者の反応

判定委員会が下した結論は、委員会の実態を知らないマスコミによって、結論が正しいものとして報道され、結論だけが独り歩きした。判定委員会の「最終報告書」の結論に関する10年10月9日の新聞報道として、

「監査法人も責任」との大きな見出しのもと、「破たんを招いた責任は……会計監査を担当した監査法人にもある」

「判定委は……『社内調査報告書』の内容分析と独自の調査に基づいて……法的責任を検討してきた」

と報道を繰り返した。その後に任命された山一の「破産管財人」は、この報告書の存在が監査人に対する損害賠償請求を提訴する理由であると言明し、さらには、「山一株主」は、集団で第一次訴

訟、第二次訴訟、第三次訴訟を提起して、この最終報告書の「監査の故意ないしは過失」に関する記述部分を法廷において引用して、山一株への投資によって生じた損失を監査人に対する損害賠償請求の裏付けとした。然し、この引用による主張は、裁判の結果として、悉く誤った主張と判示され、請求は棄却された。

もし、判定委員会が山一事件の実態を調査して、山一の監査妨害行為の内容を明らかにしたうえで監査責任を判定すれば、監査人が、破産管財人や多くの株主からの不当な訴訟に巻き込まれることはなかったと思われる。そのうえ、損害賠償請求権者である株主は、本来請求できる相手に損害を請求することが出来たのである。誤った報告書は、監査人に多大な損害を齎したばかりでなく、株主などの関係者が正しく損害を請求するための道をも閉ざすことになった。

(2)「最終報告書」がマスコミに残した教訓

判定委員会がマスコミに残した教訓の一つは、「法的責任判定委員会」、「最終報告書」という物々しいタイトルを付して外観を飾り、恰も、監査の過失に関して真実を報告するかのような舞台装置を作っても、それだけで報告内容が正しいことを裏付けるものでないことを明らかにした点である。

判定委員会は、真実を報告すべき報告書に、大きく誤った報告をした。したがって、正しい情報、事実を正確に伝える責務を負うマスコミは、このような報告書を利用・刊行する時には、報告内容の真偽を自ら調査しなければ、本来の使命を果たすことが出来ないことを銘記しなければならない。

近時、会社の不祥事・経営破綻事件が多発する中で、関係者の責任を調査する委員会設置に関する報道が散見されるが、監査責任の判定は、世評・風潮に左右されることなく、監査が行われた時に適用された「監査の基準」に照らし、かつ、監査時に監査人に対して提示された情報・監査資料の範囲を正確に把握したうえで監査責任の有無を慎重に調査し、その結果に基づいて判定しなければ、委員会設置の目的を達成出来ない。

山一の「法的責任判定委員会」の「最終報告書」が残したもう一つの教訓は、この報告書が犯した失態を二度と繰り返してはならないことを社会に対して明らかにしたことである。

(3) 監査人に与えた計り知れない苦痛

監査責任に関して最初に発表された判定委員会の「最終報告書」における誤った結論は、監査人に晴らすことの出来ない濡れ衣を着せるという重大な損害を与えた。重大な過ちのあるこの「最終報告書」は、それだけで監査人の名誉を著しく毀損し、かつ、その後、監査人が多くの訴訟に巻き込まれる原因をつくり、10年を越える長期間に亘り多大な損害と苦痛を齎らし、筆者をはじめ山一の監査に関与した公認会計士の人生を台無しにしてしまった。

第3章　「法的責任判定委員会」報告書誤りの具体的理由

本章の内容は、会計技術的な記述が中心となっているので、「誤りの理由」が何かに関心の薄い読者は、本章を飛ばして読まれることをお勧めする。

1　事実に反する三つの指摘

最終報告書は、監査人が注意義務に違反した理由として

❶「関連当事者取引」の監査を行わなかったこと
❷「現先取引」に対して監査人に通常要求される注意義務にしたがった監査を行わなかったこと
❸特金口座に対して監査人に通常要求される注意義務にしたがった監査を行わなかったこと

の3項目を挙げる。

この報告は、判定委員会が、山一が行った事務処理手続を調査しなかったこと及び「関連当事者取引」の開示と監査に関する法規制を知らなかったと思われることによる誤った指摘である。

判定委員会による「監査人の故意ないし過失行為」との指摘に対する反論であるため、その理由

を具体的に示す。

2 「関連当事者取引」の監査責任に関する指摘が誤っている理由

(1) 「山一エンタープライズ及びペーパー会社」の6社について、「関連当事者取引」の情報開示が行われず、監査手続も行われなかったとの指摘が誤っている理由

① 「関連当事者取引」に関する情報の開示は、元年7月に開催された日米構造協議の中で、米国から、わが国市場には独禁法に違反する疑いのある企業行動、取引慣行が多く存在すると指摘されたことが契機となって、急遽、系列取引を対象として有価証券報告書に「関連当事者取引」を開示することが決められた。この開示は、11年3月31日までは監査証明の対象外であり、どのように開示されていても監査責任に全く関係のない情報であった。監査証明の対象と定められたのは、山一の経営破綻が報道されてから2年を経過した11年4月1日以降開始する事業年度からである。最終報告書作成時点においてさえ、監査証明の対象外とされていた情報である。同委員会は、監査証明の開始時期を調査しなかったため、監査の過失と指摘する法的根拠が存在しないことを認識していなかったのである。

② 過失の根拠とする「監査委員会研究報告」の存在は、文字どおり「研究報告」であり、監査人を規制・拘束するものではない。会計士協会が発表する各種の報告の中で監査人を規制・拘束するのは、「監査委員会報告」である。したがって、「関連当事者取引」として開示した内容の適否に関

する責任は、財務諸表作成者である山一が負うべき責任であり監査人ではない。

③ 監査委員会は、10年11月の「連結財務諸表規則」の改正を受けて（「研究報告」ではなく、「委員会報告」として）、11年4月14日「『関連当事者との取引に係る情報に関する監査上の取り扱い』について」を発表し、同年4月1日以降開始する事業年度の監査において監査人が適切に対応するための指針を明らかにした。したがって、「関連当事者取引」の開示の適正性は、監査人にとって、判定委員会の報告書提出後の12年3月期以降の監査に係る問題であり、9年11月の経営破綻以前に実施した監査責任の有無に関連するものではない。

(2) 監査人が実施した「関連当事者取引」の監査に関する指摘が誤っている理由

山一は、4年3月期から「関連当事者取引」を開示したので、監査人は、山一が提出した関連当事者のリストを査閲し、開示を要する基準額に達している取引高が開示されていること、開示金額が、帳簿記録と一致していることを確かめ、「研究報告」で要請している手続を実施。判定委員会の「監査を行わなかった」との指摘は、明らかに事実に反する。

(1)～(2)の理由から、三つの指摘のうち第1項目の「関連当事者取引の監査を行わなかったこと」及び「関連当事者に該当する会社の監査を行わなかったこと」を根拠とする4年3月期から9年3月期にかかる監査の過失に関する指摘は、事実に反するうえ、法的根拠に欠ける。

3　現先取引の監査に関する指摘が誤っている理由

(1)　日本証券業協会規則への準拠性を監査すべきとの指摘が誤っている理由

現先取引の取引先の適格性に関し、監査人が、日本証券業協会が定めた規則を（山一が）守っているかどうかを監査すべきで、この監査を怠ったことが監査の過失と指摘する。

そもそも現先取引は、債券を担保とする金融取引であり、証券会社にとって殆んどリスクのない取引である。現に、監査人は、40年間の監査の経験の中で、山一のみならず、他の証券会社の監査においても、現先取引によって不測の損失を蒙ったケースを全く記憶していない。恐らく皆無と思われる。

このようにリスクの少ない現先取引監査において、監査人は、取引価格が時価によって行われているか否か、代金の決済と証券の受渡しが約定どおりに行われているか否かの検証を中心に監査し、それらの点に異常がないことを確かめた。仮に、証券業協会の規則に抵触する取引先との間の現先取引であっても、約定どおりに決済と受渡しが完了すれば、監査人として監査意見の形成に支障はない。業界が定めた規則への準拠性の有無は、財務諸表の適否を判断する基準にならない。そのチェックは、業務監査の対象であり、監査役ないしは検査部が担当する。山一は、この業務をチェックするために業務管理本部を設けて対応した。何よりも、現先取引の取引先をチェックすることが、何故、会計監査を担当する監査人にとって義務となる監査手続と判断したのか、その根拠が示されていない。

(2)「登録済通知書」が存在しないことを知らないことによる誤り

判定委員会は、「現先取引に利用された国債(登録済通知書)のコピー等は必ず取引ファイルに存在する筈である」ので「この登録済通知書には山一證券㈱特金口座の表示がある」ことを理由に監査の過失を主張する。然し、国債の取引に関して山一は、平成2年以降「日銀ネット」に基づく処理システムに加盟したので、4年8月に設定した特金口座の国債の取引には、「登録済通知書」を使用していない。つまり、国債の売買が、「日銀ネット」による口座振替により処理されており、「登録済通知書」そのものが存在しないにも拘らず、この資料を監査すべきであったと指摘した。

(3) 現先取引高の制約に関する指摘が誤っている理由

さらに、現先取引高が取引先の純資産の「30%」以内でなければならないことをチェックしなかったことが監査の過失であると指摘する。

現先取引を行う場合に山一では、取引先の決算書を見て、取引高が取引先の純資産の「30%」以内であることを確かめることが決められており、監査人が、この点を確かめるべきであったにも拘らず、確かめなかったことが監査の過失と指摘する。

時々刻々変化する債券市場で取引する証券会社が、取引の都度、取引先の決算書を取り寄せて取引先の純資産の金額がいくらであるかを確かめて取引を行うか否かを決めることなど、常識的に考えても有り得ない。

「30％」基準は、「証券会社の委託現先取引に係る一取引枠について」（H2・3・1付事務連絡大蔵省証券局業務課長）と題して、証券会社が現先取引を行う場合、一取引先に対する現先取引残高を（取引先ではなく）証券会社の純財産の「30％」を上限とする行政上の指針として存在したが、取引先の純資産をベースにして現先取引を規制するという取扱いは存在しない。大蔵省による事務連絡には、「30％」を算定するための証券会社の純財産の計算方式を定めているが、同委員会は、「30％」の適用対象を誤認したうえ、その誤った認識の下に監査の過失を指摘した。

しかも、行政機関が監督するための「通達」、「事務連絡」の類が、監査人による監査の基準となり得ないことは自明である。判定委員会は、行政機関による監督指針、証券業協会規則など、証券会社が業務の遂行上守らなければならない指針と監査人が遵守すべき監査の基準とを混同し、山一の業務管理本部、検査部、監査役などが行うべき業務監査と監査人が行う会計監査の相違に対する認識がなかった。

(4) 現先取引が継続したとの指摘が誤っている理由

さらに、同委員会は、「ぺーパー5社は、平成4年9月以降9年11月末まで1日も間断なく現先取引を実行している」と指摘するが、この報告も事実に反する。

隠蔽工作の実態を全く調査しないため「1日も間断なく現先取引を実行している」との思い込みだけで報告書を作成した。ペーパー会社の売切り状態の国債が、8銘柄660億円も存在したことを、山一は、自主廃業後に明らかにした（売切りであれば、信託銀行から貸付けられた債券が返還不能になる筈であるが、信託銀行は貸付債券が「デフォルト」となったことを一度も報告していないことも山一事件の特異性を示す）。

(5) ペーパー5社の現先取引高比率に関する指摘が誤っている理由

調査委員会の「調査報告書」は、平成5年の大蔵検査において、「既発債売買上位法人調」の提出を求められた際に、山一が、そのリストからペーパー会社との取引を除いて提出した事実を報告した。

判定委員会は、この報告資料をとりあげて、山一が隠蔽したペーパー会社との取引高は、「現先取引全体の51％をペーパー5社で占有している程のとてつもない規模でおこなわれている」と報告し、ペーパー会社との現先取引高が如何に大きかったかをアピールして、この点から監査の過失を裏付けようとしたが、この指摘も事実に反する。

その理由は以下のとおり。

第一に、判定委員会は、「51％」という比率を算定する過程で桁違いを犯している。

第二に、ペーパー会社の取引高合計を山一全体の取引高と比較せず、特定の部門の取引高と比較している。山一の債券売買高は、年間200〜300兆円であり、この金額と比較すると、最も多いペーパー会社の取引高でも、1％未満であり、5社合わせても2％にも達しない。「51％」などという比率は、常識的にも考えられない程大きな数値であると言えた。

(1)〜(5)の理由から明らかなとおり、三つの指摘の第2項目である「現先取引」の監査に過失があるとの指摘は悉く事実に反する。

4　特金勘定の監査に過失があるとの指摘が誤っている理由

特金勘定の監査の過失として、

❶ 特金口座開設の契約書を監査していない
❷ 特金口座の運用計算書を監査していないか、あるいは、十分な注意をもって監査していない
❸ 特金口座の運用指示書を監査していない

の3項目を挙げているが、この指摘も事実に反する。

(1)「契約書を監査していない」との指摘が誤っている理由

監査人は、特金口座が開設されたときには、稟議書、契約書を査閲して、口座の設定が山一の社内手続に基づいて、社長の承認決裁のもとに行われていることを確かめるが、本件においても、稟

議書を入手して、特金設定の理由を確かめた。そして、特金口座設定のために信託銀行へ支払った金額については、契約書、「追加信託金領収証」と照合し、稟議書により承認を受けた特金勘定が設定されていることを確かめた。これらの事実は、監査調書によって明らかであり、監査調書を調べればすぐに判明したものと思われる。

(2) 「運用計算書」の監査に関する指摘が誤っている理由

① 運用計算書（監査人がこれまで「運用状況報告書」と称した信託銀行作成の報告書を指す）が監査対象であると報告しているが、この認識が誤っている。運用計算書は、山一の特金勘定の監査のための資料である。信託銀行が作成した運用計算書が正しいかどうかを監査することは、監査人が行うべき監査業務に含まれない。つまり、監査人は、監査のために提出された資料の内容が正しいかどうかを確かめるべき義務はない。

信託銀行作成の運用計算書の内容が正しいことを前提として、山一の会計帳簿に記録されている特金勘定残高の実在性、評価の妥当性及び受取利息勘定に記録されている運用収益計上額の妥当性などの特金勘定の監査要点を検証する。運用計算書は監査の対象ではなく、監査資料に過ぎない。運用計算書に限らず、監査資料を監査の対象と考えて、監査資料が正しいかどうかを確かめることから監査を始めなければならないとすれば、監査制度は成り立たない。

したがって、監査人の責任を裏付けるために、「運用計算書を監査していないか、あるいは、十分な注意をもって監査していない」との指摘は、そもそも的外れである。

② 債券の貸付料収入が運用計算書に記載されていたのであるから、特金勘定の監査から「貸債スキーム」を把握すべきであったが、これを把握できなかったことに過失があることを指摘する。

同委員会は、山一の隠蔽工作の内容を知らないので、信託銀行が特金契約の決算日（3月10日）における運用計算書の「貸借対照表」のみならず、山一の決算日（3月31日）にあわせて、わざわざ作成した運用計算書の「貸借対照表」においても、国債の現物を信託銀行が自ら保管していることを報告し、貸付債券残高が存在することを一度も報告していない事実を認識していない。

元年5月に「貸付債券市場」が開設されてから、山一は、営業取引として債券の貸付取引を日常的に行って収入を得ていたので、特金口座においても国債利息収入、国債売買益に加えて、貸付料収入を得て運用効率を高めたことを、受託財産の管理者である信託銀行が報告しても、監査人がこの報告に疑念を挟む余地はない。何よりも、期末日には信託銀行が、国債の現物を受託財産として、自ら保管していることを示す報告書を提出していることを確かめたのである。

しかも、その報告書には「コールローンの未収利息」177円が計上されているにも拘らず、期末に貸付債券残高があれば計上されるべき「未収貸付料」が全く報告されていない。信託銀行が未収貸付料を計上せず、実現した貸付料収入を報告することは、貸付運用が期中において完結したことを報告するものであり、この報告に対して、監査人が疑念を挟むべき理由はない。

「貸債スキーム」は、信託銀行が貸付債券残高を報告しないことによって、初めて構築・維持が可能となる。信託銀行が国債の貸付残高の存在を運用計算書の「貸借対照表」に報告すれば、「貸債スキーム」を維持することが不可能になるので、特金契約そのものを締結しなかったことを山一の関係者は陳述している。同委員会は、複数の信託銀行が隠蔽工作に利用された事実を全く調査しないため、監査手続によって「貸債スキーム」の存在を把握できる筈と報告するが、信託銀行が国債の現物を自ら保管していることを示す運用計算書を信頼した監査に過失の発生する余地はない。同委員会の指摘は、単に、こうすれば「貸債スキーム」の存在が判った筈というものに過ぎず、これでは、監査責任を裏付ける法的根拠として評価できるものではない。

(3) 特金口座の「運用指示書」を監査していないとの指摘が誤っている理由

① そもそも運用指示書は、山一が、信託銀行に対して交付する書類である。判定委員会は、信託銀行が保管していた運用指示書を最終報告書の添付資料として提出したが、運用指図に関して山一が保管しているのは、「運用指示書控」であり、信託銀行へ交付した運用指示書を監査することは不可能である。

運用指図に基づく運用の結果は、運用計算書に集約して信託銀行が毎月報告するので、監査人が「運用指示書控」を広範囲に査閲すべき理由はなく、「運用指示書控」査閲の範囲を限定することは、監査実施準則に効率的な監査の実施が定められていることに照らし、当然のことであり、試査範囲を必要以上に拡大すべき理由はない。

②「運用指示書控」を査閲する目的は、信託銀行に対する運用の指図が適格者によってなされているかという内部統制の運用状況を確かめることにある。監査人は、内部統制の適正性を確かめるため、山一が当時契約していた10口座の特金口座の中から、各信託銀行が作成した運用計算書の残高明細表及び取引明細表を査閲し、多額な売買損益を計上している取引などの「運用指示書控」の提示を求めて、当該取引が資金部長の承認の下に実行されていることを確かめた。この事実は監査調書によって明らかであり、判定委員会の「特金口座の運用指示書を監査していない」との指摘は、もともと山一の監査人として不可能な手続を要請しているが、「運用指示書控」を査閲していないことを意図しているのであれば、この報告も事実に反する。

(4) 信託銀行を隠蔽工作に利用したことに対する裁判官の判断

信託財産にかかる正しい運用の実体を報告しなかった信託銀行の報告内容を巡って、監査責任の有無を論じること自体、わが国の監査史上初めてのこと。信託財産である国債を貸付けることによって国債の所有名義が信託銀行から貸付先に移転したにも拘わらず、信託銀行は、国債の現物を所有しているとの報告を続けた。

同委員会は、山一の自主廃業後の調査においてさえ、信託銀行が国債の貸付残高が存在することを一切報告していない事実を気づかずに報告書を作成したのである。

他方、山一事件を審理した多くの裁判官は、信託銀行を利用したことに関し、次の見解を示した。

①管財人による損害賠償請求訴訟を担当した東京地方裁判所（以下　東京地裁という）の裁判官は、和解を勧める過程で特金勘定の監査にかかる過失の有無を巡る約4年に及ぶ原告・被告の主張を整理検討した結果、本事案は、山一が監査人に対して損害を請求したとすれば、訴訟には成りえないほど明白な隠蔽工作が存在した事案であることを明言した。このことは、山一による監査妨害行為を正しく評価すれば、監査手続の過失を問題にすべき事案ではないことを明らかにしたものと解される。

②さらに、「山一株主」が監査人に対して損害賠償を請求した訴訟における大阪地裁の裁判官は、約5年に及ぶ審理の結果、信託銀行からは、

「運用資産である国債の貸債残高が存在することを示す記載や資料の添付がされていなかったこと」

「信託銀行作成の運用状況報告書に殊更真実と異なる信託財産の運用状況が記載されるとは通常想定し難い」ことを指摘したうえ、

「特金勘定についても、通常実施すべき監査手続を実施したものと認められる」として、「監査証明をしたことについて過失がなく、原告に対し、本件各有価証券報告書の記載が虚偽であることにより生じた損害を賠償する責任を負わない」

ことを判示して、株主の請求を棄却する判決を下した（H17・2・24付大阪地裁第7民事部）。

③同様に、山一株主の「集団的な」訴訟における大阪地裁の裁判官は、

「運用状況報告書の資産欄に『貸付公社債』等と記載されるべきであるところ……このような記載

はなく」と指摘したうえ、

「特金口座には貸債が行われていないかのような外観を呈していた」

ことを判示して、監査人に過失がないことを認めた（H18・3・20付大阪地裁第3民事部）。

④他にも隠蔽工作と監査責任に関する他社の判例として、

「会計監査において、……契約書を偽造したり、あるいは取引先と通じて虚偽の契約書を作成するということは通常想定しておらず、監査人は、これが本物か偽物かを識別する責務を負っていない。したがって、第三者と通じて内容虚偽の契約書が作成されたような場合には、これを会計監査の手続で発見することは、ほとんど不可能である。」として、「粉飾の事実を発見できなかったとしても、その点に過失はない」

ことを明らかにし、株主による損害賠償請求を棄却した判決も存在する（H15・3・27付東京高裁判決）。

以上のとおり、同委員会が見落とした第三者を利用した隠蔽工作のうち、信託銀行作成の報告内容は、東京地裁における裁判官の認識に続き、大阪地裁の2件の判決においても真実と異なることが明らかにされた。

(1)から(3)の理由により、三つの指摘のうち第三項目の特金勘定の監査に関する指摘は、明らかに間違っている。そのうえ、監査の過失を裏付ける「監査の基準」のどの規定に抵触しているかさえ不明である。

5　判定委員会の実像・「最終報告書」が遺した汚点

9年11月22日に経営の破綻が明らかになった後、山一は、それまでの隠蔽を続ける理由もなく、監査責任を判定するために十分な調査が可能な状況にありながら、同委員会は、「関連当事者取引」に関し山一の隠蔽工作の意図を解さないばかりか、監査証明に関する法令の適用時期を誤り、「現先取引」に関しても、過失を裏付ける理由が悉く誤っており、さらに、この事件の中心をなす信託銀行を利用した隠蔽工作を全く調査しなかった。誤った報告書を作成した原因は、山一事件の実態及び監査の内容を全く調査しなかったことに尽きる。果たすべき責務を履行せず、そのため、間違った判断の積み重ねによる報告書を作成したのが「法的責任判定委員会」の実像である。

大きく誤った報告書作成を裏から見れば、同委員会が監査責任を追及することだけに、如何に腐心していたかが窺われる。監査責任を判定する委員会でありながら、監査責任の有無を「監査の基準」に照らして法的に、公正に判断することなどなく、取引の実体、監査の内容さえ調査せず、只管、監査責任を監査人に課そうとしたのである。

その結果、「関連当事者取引」、「現先取引」及び「特金口座」の監査手続に関する報告内容が事実に反することを知らない原告（株主）が、この誤った報告内容を法廷においてそのまま主張したが、大阪地裁は、これらの主張を悉く斥けて原告の請求を棄却した（第7章2参照）。

この判決によって監査の過失と掲げた報告内容がいずれも事実無根であることは、法廷においても明らかにされた。

山一の「法的責任判定委員会」の「最終報告書」は、真実には程遠い前代未聞の報告書であり、社会に大きな汚点を遺したといえる。

第４章　残念な破産管財人訴訟における和解勧告の受け入れ

１　特別決議が成立せず破産手続へ

山一は、９年11月24日開催の取締役会で自主廃業に向けて営業を休止することを決議し、翌10年6月26日に最後の株主総会を迎えた。総会では、第３号議案「当会社の解散の件」を上程したが、解散の特別決議に必要な株主の賛成が得られず、当時の経営陣により会社を清算する道が閉ざされた。総会の招集通知書に記載された貸借対照表には、突然の営業休止により巨額の臨時損失が計上され、２２５億円の債務超過が報告された。監査人は、10年３月期まで会計監査人として監査に従事した。その後およそ1年間、清算業務が、山一の取締役ではなく行政命令により設置された「顧問委員会」主導で続けられたが、債務超過解消の目途が立たず、11年6月1日、山一は東京地裁へ自己破産を申請し、翌日、破産宣告を受けた。東京地裁は、同日、破産管財人を選任した。

管財人は、就任直後に監査責任を追及することに言及し、同年12月14日、９年３月期の配当金などに相当する60億円余の損害賠償請求を東京地裁へ提訴。監査人の手許に訴状が送達されたのは、2週間後の12月28日。爾来、違法配当金相当額を監査人が負担すべきか否か、監査に過失があったか否かを巡って、東京地裁民事８部において、12年２月17日を第1回の期日として、15年11月19日までの４年間、22回に及ぶ法廷闘争に突入した。

「もたれ合い」にメス
山一破産で監査法人を提訴
決算追認体質、転機に

自己破産した山一証券の破産管財人団が十四日、山一の会計監査をしてきた中央監査法人と担当の会計士ら六人を相手取って、総額約六十億円の損害賠償を求める訴えを東京地裁に起こした。粉飾決算を見抜けなかったとして株主などによる訴訟は数件あるが、破たんした企業側からも訴えられたことで、今後監査法人は監査の質向上が一層求められる。監査結果の責任追及が厳密になれば、企業が提出する決算書などを厳しいチェックもなく追認してきた監査慣行を大きく変える可能性がある。

「先日、当局に押収されていた山一の監査調書が戻ってきたが、段ボールで七十箱もあった」――。中央監査法人の村山徳五郎理事長は、山一の監査をきちんとしていなかったのではないかという世間の批判は心外だと言う。提訴後に出した中央の談話でも「現行の監査基準及び監査慣行に照らして十分な監査を行っている」と、法廷で全面的に争う姿勢を見せている。

だが、山一だけでなく、ヤオハンジャパンや日本長期信用銀行、日本債券信用銀行など、経営が破たんした後に粉飾決算疑惑が表面化する。こうした現実を前に「監査が十分に機能していたと胸をはれるのかと言われれば厳しい」（日本公認会計士協会の幹部）というのが実情だ。

粉飾を見抜けなかった背景に、会計・監査基準など制度上の不備があった面はある。だが、最大の問題は会計監査という「事後チェック」型の仕組みを機能させる覚悟が、会計士にも企業にも希薄だった点だ。

「企業と親密な関係を築くことは決して悪いことではない」との論理で、同じ会計士が三十年以上も同一企業を担当してきた。企業も「慣れ親しんだ会計士の方が会社の状況を理解してもらえる」という本音がある。会計士と企業の「もたれ合い」は五十年にわたって脈々と続いてきた。

ここ数年批判にこたえる形で、各監査法人は担当社員のローテーション制を導入し始めた。しかし、有力企業の最終責任会計士が交代した例はまれだ。「定年延長」を認められている有力会計士も少なくない。

会計士協会は今年から監査法人の監査手続きが正しいかを監視する制度を導入した。会計士の再教育制度も導入する。こうした取り組みが効果を上げるかどうかは会計士の危機感いかんにかかっている。監査法人が訴訟に敗れた場合、無限連帯責任の社員（パートナー）が自分自身の財産から支払う。金額が大きくなれば自己破産もあり得る。
『平成11年12月15日　日本経済新聞朝刊』

以下、22回開廷された法廷の審理状況、和解に至る経緯、監査人の感想を記述する。

2　立証に必要なすべての監査調書を確保して管財人訴訟が開始した

(1) 管財人の事前準備

管財人は、過失を立証するための証拠保全手続として東京地裁の許可を得て、必要と判断したすべての監査調書を11年11月26日から、数ヶ月に亘ってコピーしたうえ訴訟を開始した。判定委員会は、一枚の監査調書を確かめることもなく、一方的に、誤った報告書を作成したが、管財人は、過失の立証に必要な監査調書をすべて手許に置いたうえで訴訟を開始した。

ところで、監査調書は、9年11月27日から11年7月22日までの約2年間、監視委員会が領置し、管財人が証拠保全手続の許可を受けた11年11月には、監視委員会から用済みとして返還され監査人が保管していた。

監視委員会からは、監査調書に関しなんらの指摘もなく、すべての監査調書が返還されたので、管財人が監査調書をコピーすることに全く不安がなかった。ただ、当時は山一の監査人が監査責任を負うのが至極当然なことと多くの人に考えられていた節がある。所属する監査法人内部においてさえ、そのような気配が感じられた。然し、当事者である監査人は、証券会社監査の難しさを十分認識し、損失補填取引を巡る証券市場や社会の動向を考慮して計画を立て監査を実施したので、監査人として正当な注意義務を欠くものでないという自負があった。それだけに、管財人が証拠保全した監査調書を、監査の専門家へ提出し、山一の監査内容に関して専門家の意見を聴取されることを期待した。証券業監査の経験を有する公認会計士、特に証券大手3社の監査人が、山一の監査調書を査閲すれば、損失補填が社会的な問題とされた3年9月中間期の監査から、経営破綻の直前事業年度の9年3月期までの監査手続に過失があるなどと判断するに至らないことを確信していた。然し、管財人の法廷における主張は、監査人の期待に沿うものではなかった。

(2) 管財人訴訟の始まり

証拠保全手続は、東京地裁の執行官と管財人代理の弁護士が、突然、監査人の事務所へ「証拠調期日呼出状」を持参することによって開始された。執行官に同行した弁護士は、監査人は多額な損害賠償金を負担することになるので関与社員以外に、山一の監査結果を審査した社員が誰か、その氏名を挙げるように監査人に迫った。監査人が、管財人（代理の弁護士）に最初に相対したのが、この証拠保全の初日であった。

3　監査の過失に関する原告の主張

(1)　特金勘定の監査手続に過失があるとの主張に終始したこと

①　原告は、「監査に過失があったこと」、「監査の過失と山一が被ったという損害賠償請求額との間に因果関係が存在すること」を立証しなければならない。過失を立証するための前提として、財務諸表のどの項目に虚偽記載があったかを具体的に示すことを要する。新聞には「簿外債務」と報道されたが、山一事件には、「簿外債務」に対応する「簿外の債権者」が存在しない。会計的に見ても、「簿外負債」という会計用語はあるが、「簿外債務」という会計用語は存在しない。

山一事件の特徴として、

・山一が負担することになった損失の発生原因が不明確なこと

・原因となる顧客の取引（損失）そのものが山一の会計帳簿に記録されないこと

・負担することになった損失に見合う利益を山一が過去の事業年度に計上した事実が殆んど存在しないこと

などが挙げられる。

このため、国内に存在した含み損を財務諸表に反映させるにしても、会計上、どのような処理を行うべきかを明らかにし、かつ、当該会計処理を前提に監査の過失を立証しなければならない。これらを立証することが、必ずしも容易でないことは想定できた。

このような状況下で原告は、特金残高が「架空であり、実在しない」ことに虚偽記載があり、特金監査に過失があると主張した。そして、管財人は、訴状提出時の11年12月14日の記者会見のリリースの中で、次の見解を主張して、特金監査の過失論を展開した。

「監査法人の任務懈怠として、特金の実査不足等が考えられる。」

「……一度も特金の中身の実査を行わず、信託銀行の残高確認書だけで実資産に裏付けされた資産であるとして、山一証券の粉飾経理を見逃した。」

「……特金の実在性につき、一度でも疑問を抱き、信託銀行から期末に提出される報告書等を精査していれば、かかる粉飾決算を見逃すことはなかったものと考えられる。」

平成11年12月14日
破産者　山一證券株式会社
東京都中央区日本橋茅場町二丁目16番1号
山一證券株式会社管財人室
破産管財人　弁護士　○○○○
常置代理人　弁護士　○○○○

中央監査法人に対する損害賠償請求訴訟提起について

本年6月2日の破産宣告以降、当職らは破産会社の財産調査を遂行してまいりましたが、その過程で、営業休止前の山一證券にはいわゆる簿外損失が存在し、これを考慮に入れた場合、平成9年3月期の利益配当が違法配当であったことを確認いたしました。そして、本件違法配当に関連して、中央監査法人には法的責任があるものと判断いたしました。そこで、○○○○弁護士を筆頭とする7名の弁護士に本件訴訟を委任の上、本日、東京地方裁判所に対し損害賠償請求訴訟を提起いたしましたので、その概略について皆様方にご報告する次第でございます。

1　（被告）
中央監査法人、同理事長および山一証券の法定監査に携わった一定範囲の社員。

2　（請求金額）
平成九年三月期の違法配当金相当額および同期監査報酬　合計約六十億円。

3　（責任原因の概略）

平成9年3月期会社作成の貸借対照表［資産の部］合計約3.1兆円、現預金小計約448 5億円のうち、［金銭の信託（いわゆる特金）］に計上されている約1492億円が実体のない架空資産（粉飾経理）であったにもかかわらず、会計監査人として当然果たすべき任務を怠った結果、上記粉飾を見逃し、会社提出の計算書類を適法とする監査報告を行い、上記粉飾を知らない株主総会をして1株5円の違法配当決議をさせ、法的に支払うことが許されない配当金を違法に社外に流出させ、会社に同額の損害を与えた。

また、同期の会計監査を正しく行わなかったのに、約定監査報酬を満額受け取り、会社に同額の損害を与えた。

四　（補足説明）

(1)　平成9年3月期において、国内及び海外ペーパー会社等の経理操作による簿外の損失（約2718億円）について適正な会計処理を行った場合、剰余金はマイナス（約991億円）となり、本件配当は商法違反である。

(2)　証券会社には、商法とは別に証券取引法から派生する配当制限（平成4年7月20日の大蔵省証券局長通達。「配当後自己資本規制比率150％超を維持できない場合は配当をしてはならない」等とする規制）がある。上記簿外損失のうち国内ペーパー会社5社分（約

1492億円）を資産から除外した場合、平成9年3月期の山一證券の自己資本規制比率（配当前）は、これを大きく下回る59％強という数字になる。仮に監査法人がかかる資産の穴を適正に指摘していたなら、取締役会が配当議案を株主総会に付議する可能性はほとんどなかったし、株主総会が山一證券の免許取消等のリスクを無視してまで自己資本規制比率違反の配当決議をすることもまた、あり得なかったと考えられる。

(3) 以上から、監査法人が、少なくとも国内ペーパー会社5社分の簿外損失の粉飾を見逃さなかったならば、かかる粉飾経理に起因する違法配当金が流出することもなかったことが認められる。

(4) 監査法人の任務懈怠として、特金の実査不足等が考えられる。

山一証券では、平成五年に資本金額（約1266億円）を大きく上回る1700億円弱の特金残高の純増（前年残は約744億円）があり（当時、一般には特金の利用はすっかり下火になっていた。）、以後平成9年まで2400〜2700億円という高水準での残高が維持されている。真実は、特金として一旦信託銀行に預け入れられた現金が国債に入れ替わり、そのまま山一エンタープライズを介して国内ペーパー会社5社に貸債され、ペーパー会社がこれを現金化し、顧客への違法な損失補填に用いた資金の穴埋めに用いられたものであり、いわば費消済みの資産について、特金勘定上、額面どおりの残高が残る形が仮装されていたことになる。

しかるに監査法人は、特金が当時現金勘定に会計処理される取扱いになっていたことから（特金が有価証券で運用される場合、実質的には顧客の有価証券勘定そのものといっても過言ではない。）、平成5年から平成9年までの5会計年度において、一度も特金の中身の実査を行わず、信託銀行の残高確認書だけで実資産に裏付けされた資産であるとして、山一証券の粉飾経理を見逃した。監査法人が、山一証券の設定した、異常に高額かつ時代の潮流に反する特金の実在性につき、一度でも疑問を抱き、信託銀行から期末に提出される報告書等を精査していれば、かかる粉飾決算を見逃すことはなかったものと考えられる。

以上

② この発言内容には、多くの点で疑問が残った。

・実査の対象は何か、それが不足しているとはどのようなことを指すのか

・特金で取得した多額な国債は登録債であるが、登録債を実査するとは具体的にどのような手続を想定した発言か

・監査人が信託銀行の残高確認書を信頼したことに、何故、過失があるといえるのか

・信託銀行が自己の名義で所有している特金の運用資産を、信託した者（委託者）の監査人が信託銀行へ出向いて実査する監査手続を監査人の義務と考えているのか

・特金契約を締結した平成4年当時、わが国の信託銀行が委託者別に受託財産を分別して管理しているかと考えているのか

・信託銀行は特金で所有している資産が国債であることを報告し、国債の銘柄別明細表を添付し、その国債を時価評価すれば、含み益が生じていることを報告しているのに、何故、その報告を監査人が否定し、報告内容に疑問を抱いて別途、監査（実査）しなければならないのか

・信託銀行から受領した確認書と信託銀行が作成した報告書により特金勘定残高の実在性及び評価の妥当性を確かめたのに、何故、信託銀行が作成した報告書等を精査しなければならないのか

・財務諸表監査の基本が試査であるのに、監査の対象でもなく、監査の資料に過ぎない信託銀行作成の報告書を、何故、精査しなければ監査責任を果たしたことにならないのか

監査人は、リリースの内容に対するこれらの疑問点を通して、原告が監査の過失と主張する内容が、山一の監査人に限らず、どの監査人にとっても監査の常識に反する「監査手続」を強要するものであり、そうまでしなければ、原告が監査の過失を立証出来ない状況にあることを理解した。

(2) 監査人が銀行などの取引先から確認書を入手することの意味

監査の対象である勘定残高に関し、取引の相手が監査人に対して残高が存在することを「確認書」により証明した時には、通常、監査人はこれを受入れる。確認書を入手して会計帳簿の記録との一

致を検証したにも拘らず、確認書の内容を否定して他の監査手続を実施すべき理由がない。ましてや、委託者の財産を専門的に管理・運用することを業とする信託銀行が受託財産の内容を詳細に報告し、残高に見合う受託財産を保管していることを証明する時に、監査人が、これを否定すべき理由はない。監査人は、監査実施準則が監査手続を効率的に行うことを義務付けているので、特金に限らず出来る限り多くの勘定残高について、直接、取引の相手から「確認書」ないしは「残高証明書」を取り付けて検証することを目指して、効率的に監査手続を実施するのである。

9年3月期の監査を例にとれば、山一が隠蔽工作に利用した信託銀行2行を含む山一の取引金融機関133口座のすべてに確認書を発送して、直接回答を得て、銀行取引にかかる勘定残高の実在性を確かめた。「確認」手続の結果得られる回答の証拠力は、監査理論・監査実務において相対的に強いと評価されることは、監査責任を論ずるうえで欠くことが出来ない基礎知識である。したがって、直接確認を実施していないことを過失とするのではなく、信託銀行が回答した内容を否定するところから監査責任を追及する管財人の監査の過失に関する見解を、監査人は、到底、受け入れることが出来なかった。管財人の見解は、財務諸表監査制度という土俵の上で監査責任を判断するための議論としては成り立つものではないことを確信した。

(3) 裁判官の反応

裁判官は、何故、「特金が架空であり、実在しない」と主張できるのかを管財人に質した。

①訴訟開始後まもなく、左陪席の若い裁判官は、監査人に対して、特金勘定の監査をどのように行ったかを具体的に説明する（立証する）ことを指示した。他方、原告に対して、平成4年3月までに顧客から含み損のある有価証券を引き取り、その約半年後の同年8月に、山一は、新たに複数の信託銀行に金銭を支払って特金口座を設定したと思われるが、その特金が、何故、「架空であり、実在しない」ことになるのかを質し、この点の説明（立証）を要請した。

蓋し、特金勘定が「架空である」或いは「実在しない」のでこの勘定残高に損失が生じていると の原告の主張は、監視委員会が破綻後に調査し発表した「修正貸借対照表における修正内容」と異なり、山一役員の有価証券報告書の虚偽記載事件における検察庁の冒頭陳述の「損失に対する認識」とも異なる。また、破綻後の10年3月期において、特金勘定の国債が山一に戻り、山一が実施した「損失計上の会計処理」とも異なる内容の主張であった。

特金口座の設定前に、含み損のある有価証券の受け入れが完了していたのである。裁判官は、「時点」にかかる原告の主張の矛盾を指摘し、引き取り後に設定した特金が何故「架空であり、実在しない」と言えるのか、特金を設定する前に既に、山一には損失が存在したのではないかを質したのである。

②監査人は、裁判官の要請に対して、特金勘定が設定された4年9月中間期から9年3月期の特金勘定の監査内容について、監査調書を提出して実施した監査手続を逐一説明した。監査調書のコピーは既に原告の手に渡っているので、この説明は監査調書を引用して終了した。仮に、監査人が

信託銀行に対する「確認」手続を実施せず、信託銀行作成の運用状況報告書を見ていなければ、相応の責任問題が発生する余地があるとしても、当時、山一が常時5～6行の信託銀行に対して10口座前後の特金契約を締結しており、監査人は、このすべてに対して監査手続を実施したので、監査実施に関する説明になんら問題がなく、裁判官から追加説明の要請がなかった。

他方、原告は、何故「特金が架空であり、実在しない」と言えるのかに関して、裁判官を納得させる説明が出来なかった。原告の説明は、その内容を会計的に判断すると、矛盾を含む。つまり、ペーパー会社の有する含み損が山一のものである（このことは、ペーパー会社が損失を負担するものではないことを意味する）と主張しながら、他方、ペーパー会社は、含み損を有しているから、特金から借入れた債券の返還が不能となるので特金勘定が架空であるというものであった（このことは、含み損を山一ではなく、ペーパー会社が負担することを意味する）。

原告の主張は、債券の貸付取引が行われたことを、直ちに、特金勘定が「架空であり、実在しない」と結びつけたものだった。この誤った主張は、記者会見で主張した特金監査の過失論と軌を一にする。このため、特金監査の過失論は、信託銀行が交付した「残高確認書」、「残高証明書」及び特金の「運用状況報告書」を入手して形成した監査人の心証を否定しなければ成り立たない。「架空であり、実在しない」という原告の主張と、信託銀行が監査人に対して残高確認書を、山一に対して残高証明書を交付し、さらに、残高を裏付ける国債の銘柄別内訳表を提出し、国債が信託銀行の管理下に実在することを報告した事実とどのように結びつくのか。原告の特金架空説は、主張の筋が違っており、明らかに、訴訟の入口において監査の過失を立証するための前提となる虚偽記載の内容を誤認してスタートした。

この主張が失当であることは、本訴状の内容を引用した大阪地裁における株主訴訟において、その主張を棄却した判決によっても明らかである〔第6章2⑵「監査責任に関する判決のポイント」参照〕。

③ 監査人は、信託銀行という第三者が作成した確認書を直接入手する監査手続を実施し、信託銀行作成の特金の運用状況報告書も監査の都度、必ず査閲した。その報告書の貸借対照表には、貸付債券残高の存在が一度も報告されない。しかも、特金契約期間を通算すれば、所有する国債に対して数百億円の国債利子を信託銀行が受け取っていることも毎期の監査において確かめた。このような状況の下で、この特金勘定が「架空であり、実在しない」ので特金監査に過失があるという原告の主張を受け入れる判決など有り得ない。したがって、監査人は、原告の主張をいかに否定するかということより、山一による信託銀行を利用した隠蔽工作の全貌、管財人の虚偽記載に関する主張が誤りであることを、いかにして裁判官に判りやすく、正確に伝えるかに重点を置いて監査人の主張を準備した。

4 原告の主張がなぜこのようになったのか

原告の主張が何故このような事態に至ったのか。その原因として3点が挙げられる。

(1) 山一の隠蔽工作の存在を全く知らずに監査責任を追及したこと

原告は、もし、信託銀行が作成した運用状況報告書の内容を予め調査すれば、運用内容を示す「貸借対照表」に貸付債券残高が一度も報告されず、逆に、国債の現物を所有していることを示す銘柄別内訳表が、常時、提出されたという事実に気が付く筈である。何故このような報告書が作成されたのか、その原因を調べれば、最も重要な信託銀行を巻き込んだ監査妨害行為の実態を把握出来るが、この調査が完全に欠落し、自らの主張の誤りをチェックする機会を失ったまま監査人に対して損害を請求した。

この失態は、法廷における審理が進むにつれて、一層顕著になった。原告は、ペーパー会社が有する含み損の隠蔽工作のために使った「道具」に過ぎない国債が、「架空であり、実在しない」と極め付け、特金勘定に虚偽記載が存在すると主張し続けた。「道具」としての国債が実在し、繰り返して使えるから「道具」になることを、認めることはなかった。

(2) 信託銀行が隠蔽工作に利用されたことを認めようとしなかったこと

①わが国の不正経理事件の中で、銀行が発行した残高証明書を会社が偽造するケースはこれまでも見られたが、信託銀行が作成する信託財産の報告書が事実に反していたという事例は皆無である。山一事件では、信託財産が正しく報告されていなかったのである。このように、信託銀行が隠蔽工作に利用されたことは重大な事実である。原告側は、破産管財業務の中で、監査人に対して60億円

余りの賠償金を請求したが、調査不足によって、請求する相手を完全に間違った。監査妨害を受けた被害者である監査人に対して損害賠償請求を主張したのである。被告席に就いた監査人は、裁判を傍聴し、原告は決して、信託銀行が山一の隠蔽工作に利用された事実を認めることはないだろうと思った。蓋し、この事実を認めれば、特金監査の過失に関する立証が不可能であることを自認することになり、原告敗訴によって直ちに裁判の終結に至ることが明白であった。

因みに、信託銀行作成の運用状況報告書の内容を仔細に検討した大阪地裁の裁判官は、17年2月にこの報告書に対して、

「運用財産である国債の貸付残高が存在することを示す記載や資料の添付がされていなかった」

ことを明らかにしたうえ、監査人にとって、信託銀行作成の報告書が、

「殊更真実と異なる信託財産の運用状況が記載されることは通常想定し難い」

ことを判示し、信託銀行の報告内容が、真実と異なる報告書であることを認めたうえ、監査人の特金勘定の監査に過失がないことを明らかにして、原告（株主）の損害賠償請求の訴えを棄却した。

さらに18年3月の判決においても、信託銀行作成の運用状況報告書の記載が不適切であったことを認め、原告の請求を棄却する判決が下された。

② 監査人は、東京地裁において山一が行った第三者を巻き込んでの大々的な隠蔽工作が明らかになれば、原告はその事実を素直に認めて訴訟を取り下げるのではないかという期待が強かった。特に、山一役員の刑事事件が東京高裁において確定し、13年10月以降、刑事裁判記録の入手が可能と

なったので、監査人は、実施した監査手続によって、何故、問題点に到達できなかったかを念頭に置いて、この膨大な裁判記録を丹念に調査し、山一事件の実態を洗い直すことが出来た。その結果、監査人が山一による虚偽説明の事実を示す監査調書に基づいて隠蔽工作の存在を主張したとおり、山一がいかに監査妨害行為を実行したかが一目瞭然となった。監査人は、刑事事件において山一役員及び関係した社員の供述調書、監査妨害計画を示す書証などを入手して、監査人のそれまでの主張及び山一による隠蔽工作を裏付ける証拠として追加提出した。

このための準備書面は75頁、これを裏付ける書証は33件に及んだ。その中には、わざわざ山一の役員が信託銀行へ出向いた事実が生々しく供述されている件があり、誰がどの信託銀行へ出向いて依頼したかが、複数の関係者の供述により詳細に記録されている。多額な特金契約を獲得して信託報酬の増加を図るために、信託銀行の担当役員が委託者である山一に出向くことがあるとしても、信託報酬を支払う委託者である山一の役員が、信託銀行へ出向くことは、通常の契約では考えられないが、刑事裁判記録には、山一の役員が信託銀行へ出向いたことが供述されている。

さらに内部資料には、隠蔽工作の対象として、各種の検査機関への対応の中に「会計士監査」への対応も掲げられ、監査に関連する項目を予めピックアップして、監査手続を想定した周到な対策を講じていたことを示す資料も押収され、この資料から、隠蔽工作は、経理部ではなく、社長直轄下で行われたことも明白となった。

これらの記録は、監査人が「通常実施すべき監査手続」を実施しなかったのではないことを明らかにした。損失補填取引に対する監査手続、特金勘定に対する監査手続など、どの監査手続も実施可能な範囲で監査人が実施したことは、監査調書によって裏づけられる。山一は、監査手続を想定し、先回りし、監査の現場で提出を求められる契約書、稟議書を作成する段階から事実を隠蔽するための対策を講じたうえ、信託銀行が作成する報告書に真実を表示しないように企むなど、監査資料の提出を拒むのではなく、提出することを前提として第三者である信託銀行をも巻き込むことによって、監査手続による事実の把握を妨げたことが明白になった。刑事裁判記録に基づいて監査人が提出した準備書面及び33件の証拠によって原告側は、山一が社命を賭して、監査人のみならず、すべての検査機関による検査を想定して、なりふり構わずに実施したこれらの隠蔽工作の実態、監査妨害行為の存在を十分に知ることになった。

(3) 明らかになった監査妨害行為を認めようとしなかったこと

① たとえ、山一による隠蔽工作の存在を知らずに提訴しても、刑事裁判記録によって、複数の信託銀行をはじめとする多数の第三者を使った隠蔽工作の手口が白日の下に曝されたのであるから、原告に訴訟の見直しを行う機会が提供されたことを、監査人は、強く意識した。然し、原告側は信託銀行の報告内容に問題のないことを主張し続けた。

② もし、原告が判定委員会の誤った報告書をそのまま信用せず、事前に山一による隠蔽工作の内容を調査し、その実態を把握すれば、損害賠償請求を行うに至らなかったことは必至である。監査

人は、これだけの監査妨害行為が立証されているのに、何故、監査人を訴えているのか疑問であった。監査人は、組織的な監査妨害行為を続けた山一に損害を与えていないことは明らかであり、監査契約の履行を隠蔽工作によって妨害された被害者に過ぎない。監査人はこのような素朴な疑問を払拭できず、訴訟の原点を見失ったとしか思えない裁判のもどかしさを厭というほど味わった。

監査人は、法廷の片隅で裁判官の発言、管財人の主張、当方代理人の主張などのすべてを傍聴し、「監査人の責任だけを不当に追及し続けることが、管財人の使命ではない筈だ」、「刑事裁判の記録から明らかになった隠蔽工作の存在に照らしても、監査責任の追及など不可能であるという事実を社会に対して明らかにすることこそ、管財人の任務ではないか」、との思いを強くした。

5　裁判官の職権による和解勧告の受入れ

(1) 監査の過失を巡る争点

① 監査人は、実施した監査手続に過失がないとの判決を受けることを願って4年間に亘り管財人との訴訟に対応した。勝訴判決を得ることは、監査人のみならず、不当に傷つけられた公認会計士業界のイメージ回復のためにも、是非、必要である。何よりも、勝訴により真実を社会に明らかにしたいという意識が強かった。

特に、信託銀行が作成した信託財産の運用状況を示す「貸借対照表」には貸付債券残高が一切報告されていない状況の下で、管財人が指摘する特金監査に過失があるなどということは、監査人として、到底受入れることが出来ない。

例えば、特金契約を結んで信託銀行に預けたお金が貸付金として運用されているにも拘らず、預金残高として信託銀行が報告することを想定して、報告されない貸付金を検証するための監査手続を実施することなど有り得ない。同様に、国債がすべて貸付けられ、国債の名義が信託銀行から他の第三者に移転しているにも拘らず、信託銀行が国債を所有しているという報告書を作成することを想定して、監査を実施することは不可能である。原告が主張する信託銀行の報告どおりに国債が信託銀行に存在するか否かを「実査」して確かめる義務を負うものではなく、「実査」しなかったことが監査の過失との主張が通用することは有り得ない。そもそも、信託銀行を巻き込んだ隠蔽工作を前提として、報告されない貸付債券残高の存在を想定して、それを発見するための監査手続を実施することなど不可能であり、監査人は、国債の現物を信託銀行が所有していると判断したことに、過失がないことを終始確信していた。

将来、公認会計士が監査委嘱者による第三者を巻き込んだ隠蔽工作の状況下に置かれる場合の防禦のためにも、さらには、虚偽の財務諸表を作成した経営者の責任とその財務諸表を監査した監査人の責任を判定する法的根拠が異なることも知らずに、すべてを監査人の責任とする原告の主張が間違いであることを立証するためにも、勝訴判決を得ることが絶対に必要であることを肝に銘じて対応した。

② 信託銀行の運用状況報告書を精査すれば、貸付料収入が記載されていたのであるから、ここを

監査すべきであったとの主張を繰り返した原告は、必要と思われ、コピーしたすべての監査調書の中に、貸付債券残高の存在を示す信託銀行の報告書が一切存在しないため、貸付料収入を問題にした。しかも、原告は、信託銀行作成の「貸付債券残高明細表」のみならず、「貸付債券取引明細表」が山一社内に一枚も見当たらないという事実も法廷で明らかにした。

原告の貸付料収入に関する主張に対して、監査人は、信託銀行が国債の現物を所有していることを報告し、その銘柄別明細表まで報告している事実、貸付債券残高があれば、計上されるべき未収貸付料が報告されていない事実、貸付債券残高が特金の設定から終結に至る間、一度も運用状況報告書の貸借対照表に報告されない事実、しかも、2行のうち1行の特金契約が破綻前に終結したが、終結時には信託銀行が国債（登録債）を山一へ引き渡したことを報告している事実などを挙げて、特金監査に必要な監査要点を十分に検証したことを主張・立証した。

それにも拘らず、貸付料を確かめなければならないと主張するのは、監査実施準則が定める監査要点のうち、どのような監査要点を確かめるために必要なのかとの監査人の問いに対し、原告から明確な回答がなかった。

(2) 和解勧告の受け入れ

監査人は、特金勘定の監査に関して監査責任を負うべき理由が存在しないことを確信したが、判決のための審理を詰める前に、裁判官から職権による和解勧告があり、この勧告を無視することが出来ずに、残念ながら、開始から4年を経過した15年11月19日に和解に応じた。管財人による監査の過失の立証のみならず、損害請求額と監査報告書との因果関係に関する立証も十分に尽くされない状況の下で和解勧告を受け入れることは、悔いが残った。

和解を勧告したこの裁判長は、4年間の法廷で3人目の裁判長であった。前任の裁判長からは、やんわりとした和解に関する打診があったが、監査人は、和解する気が全く無かった。然し、今回の裁判長は、山一による隠蔽工作の存在を認めると発言したうえで、強い口調により「職権による和解勧告」を宣告した。これに対して監査人は、審理の状況から判断すれば、前回の打診と同様、これを受け入れる理由がない。然しながら、既に法廷で4年間に亘り審理が続き、この間、担当する裁判官は、短期間に頻繁に交代し、裁判長を含め3人の裁判官全員が交代するため、交代の都度、訴訟開始からそれまでの当方の主張を再度準備するという無益な作業が繰り返され、提出した書面を十分に審理する間もなくまた交代し、時間だけが経過するという状況に置かれていた。空しい裁判の長期化である。

監査人は、重ねて和解の提案・勧告を受けたこと、さらには、裁判の進行具合から、裁判所が任命した管財人が当事者となっている事件に判決を下すことがいかに難しいことなのかを感じた。他方、和解勧告の受け入れを拒否して、判決を得るまで係属しても、そのために必要なコストが、膨大な金額に達することがこれまでの4年間の経験から容易に理解できた（下記6「管財人訴訟により教えられたこと」及び第6章5(2)「勝訴によっても報われない現行制度の空しさ」参照）。正に、背に腹は代えられない心境にさせられた。

その結果、監査人は、60億円余りの賠償請求額に対し、和解金として166百万円（5事業年度の監査報酬相当額）を支払うという和解勧告を受入れて裁判を終結させることを決断した。法廷における審理の都度、監査人は、公認会計士業務にかかる賠償責任保険契約を締結した保険会社へ訴訟の経緯を報告したが、同社から、和解金に見合う保険金を支払うとの見解を得たことも和解の受け入れを促した。

なお、この和解から1年余り経過した17年2月に、監査人は、大阪地裁における「監査手続に過失が無い」との判決（第6章参照）、次いで、18年3月にも、「職業的専門家としての注意義務をもって、監査基準等で定める監査手続等を行った」ことを認める判決（第7章2参照）を勝ち得た。これらの判決は、実施した監査手続に過失がないことを認めるものであり、就中、管財人の訴状を引用した特金勘定の監査に過失があるという主張を、一刀両断に切捨てる内容であった。もしも、この2件の大阪地裁判決がもう少し早い時期に下されれば、東京地裁民事8部が、職権による和解勧告という事態に至らなかったものと悔やまれた。

6　管財人訴訟により教えられたこと

(1) 的確な代理人（弁護士）の選定が重要であること

本件訴訟において、監査人は、代理人としてわが国有数の規模の法律事務所所属の5名の弁護士、そのほか著名な2名の弁護士を加えて、合計7名の代理人のもとに訴訟に臨んだ。代理人の使命は、被告とされた監査人の意向を、裁判官にしっかりと伝えることにあると思う。監査人の主張を過不足なく伝えるとともに、裁判官が相手方代理人の誘導に乗らないように、審理の推移を的確に判断して、適切に対応することが求められる。幸いにも監査人は、戦闘意欲も十分、戦い方も熟知した申し分のない対応力を備えた弁護士に恵まれた。監査人は、22回開廷された法廷のすべてを傍聴し、監査人の代理人が、法廷においてあくまでも沈着冷静であり、かつ、当意即妙な対応に終始する点が際立っていることを目の当たりにした。しかも、本件訴訟は、監査責任の判定にふさわしい監査理論に関する知的レベルが要求されるが、当方の代理人は、この点も十分に満足できることを知った。

蓋し、訴訟開始直後に、若い裁判官は、特金勘定について実施した監査手続の説明を求めたので、監査人は、この立証に必要な監査調書を代理人である弁護士へ説明のうえ提出し、代理人は、この監査調書を使って、監査実施時の監査実施準則に定められていた監査要点を十分に意識して、監査人にとって義務となる監査手続が何かを、裁判官にわかりやすく説明するための書類（準備書面）を作成した。監査人は、法律家による監査責任に関する監査理論の展開が、あまりにも理路整然としていることに驚かされた。当時、わが国では監査人に対する損害賠償請求事件が殆んど発生していない。わずかに、平成7年9月に東京高裁における判決が1件存在するという状況であった。監査人が依頼した代理人は、この唯一の訴訟において勝訴判決を勝ちとった弁護士であり、正に、監査責任を巡る訴訟のエキスパートとして、法廷においても自信に満ち溢れていた。

⑵ 訴訟を維持するためには多大なコスト負担を強いられること

訴訟活動を経験して、監査人は、準備に時間をかければかける程、充実した主張を展開できることを知った。管財人から提出された準備書面に対しても、1~2回読んだだけでは、相手の主張に押し込まれるような感じを抱くが、3回読めば、3回目には、主張の矛盾や反論の道筋が見えるようになった。その結果、監査人は、監査の経験、証券会社の会計実務などを踏まえ、自らの意見を纏めたうえで当方の弁護士との打合せに臨んだ。本件訴訟を担当した7名の弁護士は、監査人以上に多忙を極めており、弁護士事務所における打合せは、平日であれば夜間に、土・日・祝祭日には長時間に亘り、延々と行われた。

本件訴訟が和解に至るまでの22回の法廷の、各1回、1回の法廷のために、監査人は、弁護士と周到な打合せを繰り返した。所謂、訴訟活動と称される打合せ回数は、4年間で実に、129回、480時間に達し、監査人側が費やした時間数だけでも、延べ2000時間を超えた。しかも、弁護士との打合せを効率的に行うために、監査人は、準備資料の作成、必要な資料の調査・蒐集のために、さらに多くの時間を費やした。損害賠償請求額が60億円余りと多額であっただけに、息の抜けない状況が続いた。そして、時間をかければかける程、損害保険契約によってカバーされない内部的なコストが飛躍的に膨大することも経験した。そのうえ、訴訟活動に携わる監査人は、本来の監査業務を行うことが出来ず、収支両面から長期間に亘って、実に重い負担が課されることを知った。

監査人が裁判官の和解勧告を受け入れた理由の一つに、今後、判決を得るまで闘い続けることによる保険契約でカバーされないコストの負担額と、和解金を負担して訴訟を終結させ、本来の監査業務に復帰することのいずれがより少ない負担で済むかを比較考慮した結果であることが挙げられる。和解勧告を受け入れずに訴訟を係属し、証拠調べ、証人尋問を続けることになれば、和解提示額を超える内部コストの負担は、火を見るより明らかであった。勿論、監査に過失があったことを伺わせるほど多額な和解金を負担する和解勧告であれば、この勧告を受け入れることはなかった。

勝訴判決を目標にして取り組んだ訴訟であるが、裁判の長期化は、訴訟を続けることそのものが監査人に対し膨大な負担を強いる。しかもこの負担額は、監査人が勝訴しても、1円たりとも補償がない。管財人は、どんなに失策を重ねても負けることはなく、1円たりとも負担がない。監査人は、常に、同点のまま12回裏の守備についているような感覚を強要され続けた。収支面から見れば、一度被告席に着いた監査人に勝ちはない。監査責任を法廷で争うことは、監査人にとって、並大抵の犠牲・負担では済まない。実にリスクの高い職業に就いていることを教えられた。

第5章　山一株主訴訟の概要と東京地裁・東京高裁における監査人の勝訴判決

1　株主訴訟の概要

山一株主からの損害賠償請求の対象者としては、山一・山一役員・監査人などが挙げられる。この状況の中で山一を単独の被告として提訴した訴訟件数は、監査人が得た情報では2件。1件は、持株会会員による訴訟であり、もう1件は、破綻直前に山一株を購入した「常連の顧客」による訴訟である。

判決は、いずれも株主の請求を棄却。持株会会員による請求に対し、経営を破綻させた山一でさえ、損害の負担を要しないという判決であった。山一社員は、職場を失っただけではなく、営々として築いた貴重な財産をも一瞬にして失った。そのうえ持株会会員に対する融資制度も行われていたので、この制度を利用した社員は、借金だけが残るという悲惨な状況に陥った。山一事件は、社員持株制度のリスクを露呈した事件でもある。

監査人に対する損害賠償請求訴訟は、合計7件。第4章の管財人訴訟のほか、株主から合計6件の訴訟が提訴。経営の破綻が報じられた時、山一の発行済株式数12億株、株主数約8万2000人であったが、このうち487万株、86名の株主が、損害を請求した。

株主からの6件のうち監査人を単独の被告とする訴訟は2件であり、他の4件では、山一（破産宣告後は破産管財人が山一の地位を引き継ぐ）及び山一役員とともに被告席に着いた。経営者と監査人が連帯して責任を追及されたが、この中の1件は、証券会社を監督する国に対しても損害を請求し、国が相被告となった。

6件の訴訟の請求総額は、461百万円であり、この金額は、山一の平均的な時価総額4800億円に対し、0・1％弱。管財人による損害賠償請求額60億円に比べると少額であったが、請求金額が、株主にとって大切な財産であることに対する認識を、監査人は、訴訟を通して頭から離れることはなかった。

6件の訴訟の所轄裁判所は、東京地裁で2件、大阪地裁で4件であり、大阪地裁の4件のうち、第1次訴訟、第2次訴訟、第3次訴訟の「集団訴訟」と報道され多くの株主が参加した3件の訴訟が併合して審理されたので、監査人は、東京、大阪の両裁判所で2件ずつの訴訟を抱えることになった。

かくして、株主による損害賠償請求訴訟は、10年5月から19年5月（最高裁における上告棄却の決定に要した期間を除く）に至る長期間に亘ったが、いずれの訴訟も、裁判官は、監査人の主張を認め株主の請求を棄却して終結した。

2 株主による損害賠償請求訴訟

(1) 山一の株価の状況

損害を被ったという山一株への投資損失が、果たして、監査と因果関係を有する損害といえるかどうか、監査人は、訴状を受取った時から疑問を抱いた。蓋し、9年11月に経営破綻が突然発表されたにも拘らず、株価が大幅に下落するという現象が生じなかった。

山一株は、経営の破綻が報道される以前にだらだらと下げ続け、特に9年には、年初から経営を巡るマイナス情報が連日のように報道され、株価はその都度、下落した。

日本経済新聞の報道内容と株価の下落状況は次のとおり。

8・12・25　系列ノンバンクへ1500億円を支援する／終値503円
9・02・20　株価下落の中で持合いの相手銀行が解消を発表する
9・03・31　終値386円
9・07・01　総会屋に対する一任勘定取引問題の発生　株価急落／終値332円
9・07・30　総会屋への損失補填により家宅捜索を受ける／終値280円
9・07・31　東京地検・監視委員会合同で強制調査／機関投資家が山一との取引停止を相次いで発表　年初来安値を更新／終値260円
9・09・17　「山一外し」市場で加速へ／国債入札から除外／終値215円
9・09・18　元専務ら5人逮捕／終値207円
9・11・06　ムーディーズ格下げ検討を発表／終値173円
9・11・15　S&P山一を格下げ／一時100円割れ／終値108円

9・11・20　一時ストップ安58円　終値65円
9・11・21　ムーディーズ投資不適格に格下げ

このように9年の大発会（1月6日）に524円でスタートした株価は、

1月8日には500円を割り492円
3月27日には400円を割り399円
7月30日には300円を割り280円
11月7日（格下げが発表された翌日）には200円を大きく割り173円
11月14日に100円を割り96円

を記録し、経営破綻が発表される前に、衆目注視の中で、実に58円まで下げ続けた。つまり、山一株は、

①1997年（平成9年）の日本経済の悲劇と指摘される橋本内閣による緊縮政策の失敗により、日経平均株価の下落という市場原理による相場変動の中で下げ続けたこと

②山一の9年3月期及び9年9月中間期の業績が悪化し、9年3月期には1647億円の損失を計上する史上最悪の決算を行ったこと

③ 9年7月以降、総会屋への利益供与事件の発覚により社長はじめ多数の経営トップが逮捕される不祥事によって、証券会社にとって生命線である信用を著しく失墜し、主要な顧客から取引停止を宣告されるなど、最悪の事態を自ら招いたことが連日報道され、株価を下げ続けたこと

④ 格付機関が山一発行の債券を投資不適格銘柄と発表することにより、山一の財務内容、経営姿勢に対する信頼が完全に失われるというマイナス材料が重なったこと

などの経営実態の悪化により、山一の株主、これから株主になろうとする投資家の誰もが株価下落の因果関係を容易に認識できる状況の中で下げ続けた。この下落による損失は、証券取引法第193条2項による「他の要因による下落」に該当し、損害請求額から控除されるべきであり、明らかに9年3月期までの監査報告書と因果関係のある損害に該当しないと解される。

(2) 破綻前の株価に対して「倒産リスクを反映した価格」との判決が下される

監査人が株主との間で4件の訴訟の審理中に、山一株主が、山一に対して損害を請求した訴訟の判決が東京高等裁判所（以下　東京高裁という）で下された。

この訴訟の原告は、前述の「常連の顧客」であったが、経営の破綻が明らかになる直前に、山一株を信用取引によって購入し、代金を支払う前に経営の破綻が発表され、代金を支払わなかったところ、山一が、原告（顧客）からの預り金（信用取引受入保証金）と相殺して購入代金に充当した。これに対し原告は、相殺された「預り金」の返還請求訴訟を提起した。

第一審の東京地裁は、原告の「預り金」の請求を認める判決を下したが、東京高裁は、この判決を覆して、被控訴人（原告）に認められた「預り金請求権」を不当として棄却した（H13・10・25東京高裁第7民事部）。

東京高裁は、「預り金」の返還請求権を原判決において認めた山一株価に対して、

「被控訴人は、本件取引及びその直前の取引において、山一證券株が既に額面に近い水準まで落ち込んでいるのを承知の上で上記のとおり投機的取引をしていたものであり、当時の山一證券株は、山一證券の倒産リスクが反映された状態であるということができ、被控訴人において、山一證券の経営状態、資産状態についておよそ倒産のおそれのないものであると誤信して、本件取引をしたものではないといわざるを得ない」とし、

「山一證券について、その経営基盤に疑問が投げ掛けられるという極めて厳しい経営環境にあることが広く報じられている状況」であったこと、そして、このような株式に対する投資損失の負担が、投資家の自己責任であることを判示した。

この判決は、第7章の「集団的な」オンブズマン訴訟の原告の中に、「常連の顧客」と同じ時期に購入した株主が多数含まれていたので、破綻直前の山一の株価が「投資家の自己責任」と認められる水準にまで下落したとの株価に対する裁判官の認識、さらには、株主の請求可能な損害とは何かに対する裁判官の判断を知るうえで貴重な判決であった。

(3) 破綻した銀行の「株価」に対する判決

さらに、経営が破綻した銀行の株主による損害賠償請求訴訟において、「銀行の株価」に対しても、山一の「株価」に対する判決と同趣旨の判決が下された(14年4月東京地裁及び15年7月東京高裁)。

この訴訟は、破綻直前に「銀行株」を購入した株主が、監査人に対して損害を請求した訴訟であるが、一審、二審とも監査人が勝訴した。原告が購入した「銀行の株価」は、大部分が100円以下であり、最安値が65円。山一株と類似した株価で購入した株主の請求に対して、

「本件株式購入時点では、同行の株式は破綻直前のものであり、その購入は極めて危険な取引であって通常の一般投資家の取引判断を著しく逸脱するものであったといえるのである……仮に、控訴人主張の虚偽記載があり、また、被控訴人の監査に何らかの不足があった(この点については……)としても、このことと控訴人の損害との間には相当因果関係があったと認めることができないとするのが証券取引法、商法特例法そしてその基盤をなす民法不法行為法理の精神にも合致する合理的な解釈というべきである」

ことを挙げて、「控訴人の請求は、理由がない」(H15・7・16付東京高裁第17民事部)と判示。

この判決は、「その購入は極めて危険な取引」と判示したうえ、正常と認められない「銀行の株価」の下での株式投資にかかる損失の負担が投資家の自己責任であることを、証券取引法、商法特例法、民法の規定を引用して明確に判示した。

山一の株価に対して「倒産リスクを反映した株価」であるとの判決と相俟って、この銀行株価に対する判決は、当時、監査人が大阪地裁で争っていた山一株主との訴訟において、原告の請求可能な損害に対する監査人の主張を形成するうえで参考となる判決であった。蓋し、山一株、銀行株と異なる二つの銘柄の「株価」に対する裁判官の認識は、いずれも、100円以下にまで下落した株価に対する投資損失が、損害賠償請求を定めたいかなる法律に照らしても「投資家の自己責任」であることを明確に判示したものである。

なお、銀行株を巡るこの判決は、監査の過失の有無に関し、被告の監査内容が「注意義務を怠っていなかったと認めることができる」ことも併せて判示した。

(4) 東京地裁・東京高裁における勝訴判決

さて、山一事件において監査人だけを被告とする2件の訴訟は、東京地裁で審理され、いずれも原告の請求を棄却して終結した。その後、控訴されたが、2件とも短期間のうちに終結した。

判決は、原告の損害と監査報告書との間に因果関係を認めることが出来ないという内容であった。原告の請求が棄却され（1件は東京高裁で取下げ）、2件とも勝訴して終結したが、監査人の判決に対する感想は、裁判所が、いわば、原告の請求に対し門前払いをしたという印象であった。

この判決の中で監査人が注目した判決理由は次の二点。

第一点は、

「原告は、山一證券の平成四年から平成九年の有価証券報告書には虚偽の記載又は脱落があったと主張する一方で、本件株式をそれより以前に取得したものと主張するのであるから、原告が本訴において主張する本件株式の価値が零円となったという損害は、原告の主張する虚偽記載等と因果関係にある損害とはいい難い」

「原告が本訴において主張する損害は、山一證券が自主廃業したことによる損害というべきであり、原告が問題とする被告の監査手続との間に因果関係のある損害ということはできない」（H10・8・26付東京地裁民事第1部）と判示したこと。

この判決は、請求可能な損害の発生時点が、株式取得時であるという裁判官の認識を示す。つまり、株主にとって請求可能な損害は、株式取得時に不実の開示がなかったと仮定した場合の株価と実際に購入した株価との差額であることを判示した（差額説）。そのうえ、山一が自主廃業したことによる損失は、請求可能な損害に該当しないことを明らかにした。

第二点は、

「本件請求は、被控訴人らが訴外会社による簿外債務の隠ぺいを発見できずに（中略）監査報告をしたことにより、訴外会社に経営破綻を招き、（中略）その取得価額相当の損害を被ったとして、（中略）支払いを求めるものであるところ、これが認容されるための要件としては、被控訴人らによる上記適正である旨の監査意見が違法であることのほか、その違法がある場合において、このような、被控訴人らによる監査意見と訴外会社の経営破綻、訴外会社の経営破綻と控訴人におけるその保有株式の取得価額相当の損害との間にそれぞれ因果関係があることを要するものと解せられる。」

としたうえ、

「控訴人の本件請求は、控訴人が主張する被控訴人らの不適正な監査と控訴人主張の損害との間の因果関係についての主張立証がないことに帰し、その余の不法行為成立の要件について判断するまでもなくいずれも理由がない」（H14・10・30付東京高裁第9民事部）

と判示して、東京高裁においても控訴人の請求を棄却。

この判決は、損害と監査報告書との因果関係の立証責任を、原告が負うことを明らかにし、原告がこの立証義務を履行しなかったことを棄却理由とした。

かくして、監査人だけを被告とする2件の訴訟は、東京地裁及び東京高裁において監査に過失があったか否かの審理に進む前段階で、平成14年10月までに終結した。

第6章　過失が無いことを認めた判決と「職権による和解勧告」の比較論評

1　監査に過失が無いことを最初に認めた判決

大阪地裁第7民事部は、行政訴訟の担当部門である。株主（原告）が損害賠償請求の対象として監査人、山一證券（破産宣告後は管財人が承継）、山一役員のほか、国をも訴えたために当該部門が担当した。山一（管財人）と山一役員は、訴訟開始後早々に和解金を支払ったので、17年2月24日に判決を受けたのは、国と監査人の2者だけであった。

原告株主は、6年8月から9年11月にかけて山一株を購入したが、「山一の株価の状況」（第5章2(1)参照）に記述した理由により株価が続落したにも拘らず、その損失が国や監査人の責任であると主張して損害賠償金を請求した。監査人が無過失を立証すべき期間は、6年3月期から9年3月期までの4事業年度の監査とされた。

訴訟の請求額は、株式売買損失9704万円、弁護士費用相当額970万円、合計1億円余り。第1回の法廷から、判決までに6年余りを費やし、この間に25回の法廷が開かれた。判決は、監査手続に過失が無く、原告の請求を棄却。法廷では「原告の請求を棄却する」との主文だけが読み上げられた。監査人はこの判決を耳にして、大阪地裁の裁判官が、的確な判決を下して呉れたことに感謝した。裁判官は、「山一の監査は失敗であった」という社会に蔓延した見方を完全に否定し、監査手続に過失が無いことを最初に法廷で明らかにした。しかも、複数の信託銀行が隠蔽工作に利用された事実を認めた判決であった。この判決は、控訴されることなく確定した。

2 判決のポイント

(1) 争点整理と裁判官の判断

審理が大詰めに至った段階で裁判官は、争点として次の3点を示した。

① 本件各有価証券報告書のうち重要な項目について虚偽の記載があるか否か

② 原告に有価証券報告書の虚偽記載と因果関係のある損害が生じたか否か

③ 監査証明をしたことについて被告に過失がないと認められるか否か

争点に対する裁判官の判断は次のとおり。

①に関して、国内及び海外のダミー会社の含み損は、山一に帰属し、この損失が計上されていないことに虚偽記載がある。

③に関して、監査証明した内容に過失はない。

監査に過失がないと判示されたため、②に関する裁判官の判断は示されない。

(2) 監査責任に関する判決のポイント

①「被告監査法人は、本件各有価証券報告書に係る財務諸表の監査に際し、その都度、山一證券

の経営状況、財務内容等に応じてあらかじめ監査計画を定め、これに基づいて種々の監査手続を選択・適用し、監査を実施したものと認められ、少なくとも原告が問題としている特金勘定を除いては、おおむね通常実施すべき監査手続が実施されたものと認められる。」

ことを判示。この部分の判決は、監査人が証拠として提出した多くの監査調書を根拠として明示したうえで下された。さらに、

②「特金勘定に関する監査としては、上記㋐以上の監査手続を実施すべき必要性はなかったものと認めることができる。そうすると、被告監査法人は、本件各有価証券報告書に係る財務諸表の監査に際し、特金勘定についても、通常実施すべき監査手続を実施していたものと認められる。」と判示。

「上記㋐の監査手続」とは、「特金勘定に関する監査手続」として、監査人が監査調書を提出して立証した監査手続を指すが、裁判官は、監査人が実施した以上の監査手続を追加して実施すべき必要がないことを認め、監査に過失がないことを判示。

しかも、山一の隠蔽工作に対する裁判官の判断は、

③「山一證券から提示された安田信託及びクレディ信託の運用状況報告書には、運用資産である国債の貸債残高が存在することを示す記載や資料の添付がされていなかったこと」

「信託銀行作成の運用状況報告書に殊更真実と異なる信託財産の運用状況が記載されるとは通常想定し難いと考えられる」ことを理由に挙げたうえ、

「運用状況報告書の記載からは、NF等5社の存在及びそれらの法人格の独立性が山一證券との関係において否認されるべきであることを基礎付ける事情を認識することは不可能であったものと認められる。したがって、本件各監査証明をしたことについて、被告監査法人には過失がないものと解するのが相当である。」

と判示して、山一事件の特異性を示す隠蔽工作の中心部分に対し鋭く踏み込み、含み損を抱えた別会社（NF等5社）の存在を、両信託銀行が作成した運用状況報告書の記載内容から認識することが不可能であると判示し、その結果、

④「被告監査法人は、本件各監査証明をしたことについて過失がなく、原告に対し、本件各有価証券報告書の記載が虚偽であることにより生じた損害を賠償する責任を負わない」との結論を明らかにした。

さらに、含み損を有していた会社の存在に関し、

⑤「国内ダミー会社であるNF等5社も海外ダミー会社も、連結規則5条による連結の範囲に含まれる会社ではなく（弁論の全趣旨）、監査の対象とならない」ことを明確にし、しかも、山一の経営トップはその存在を

⑥「外部からは山一證券との関係を容易に知り得ない」ように工作したことも判示。正に、山一の会社ぐるみの隠蔽工作による監査妨害行為の存在を明確に示した。

監査人は、この判決を読んで、裁判官が判決理由の中で、「国内ダミー会社」の存在を監査人が把握する端緒として、信託銀行作成の運用状況報告書を意識したことを理解した。然し、判決は、信託銀行が作成した運用状況報告書には、貸付債券残高が一切記載されず、逆に、国債の現物を所有していることを報告しているので、監査人がこの内容から、ここを端緒として、「国内ダミー会社」の存在に辿り着くことが不可能と判断したのである。

(3) 特金勘定が「架空であり、実在しない」との主張を失当と判示したこと

裁判官は監査の過失の有無に関して、2段階構成をとっている。

訴訟の進行に伴い、原告は、東京地裁において管財人が監査人を提訴したときの「訴状」をそっくり引用し「特金架空説」を主張した。

2段構成の前半では、敢えて、特金勘定を除く財務諸表項目全般の監査手続に過失が無いことを判示し、後半において、特金勘定が「架空であり、実在しない」との原告の主張が誤りであることを判示した。

その部分は、

① 「特定金外信託それ自体においては、山一證券には損失が生じていないことが認められる」と、特金勘定で運用していた国債が実在するという監査人の主張及び特金勘定から損失が発生していないという山一の会計処理を根拠とし、

②「特定金外信託口座がＮＦ等５社による含み損ある有価証券の引取り等のために利用されていたことをもって、本件各有価証券報告書記載の貸借対照表中の『現金・預金』の項目から原告の主張する金額を控除する必要があったと解することはできない。原告の主張は失当である。」と理由を明快に示して、特金勘定残高が「架空であり、実在しない」という原告の虚偽記載に関する主張は、失当と判示。かくして、特金勘定が実在しないことを前提とする監査の過失に関する主張は完全に否定された。

3　この判決の意義

（1）判決前の監査責任に関する世評・風評と裁判官の認識

この判決が下される前の監査責任に関する報道は、

①「判定委員会」の重大な間違いが多数含まれる「最終報告書」に関する報道

②「最終報告書」の内容がいかにも正しい内容であるかのようなマスコミ報道

③「管財人」による「特金勘定が架空であり、実在しない」ことを監査人が見落としたという誤った主張の記者会見と損害賠償請求訴訟に関する報道

④「新聞社」による監査の内容に関する真実とはかけ離れた批判記事

⑤「経済専門誌」による「特金の含み損開示」などの誤りが多く含まれる記事

というように、山一の監査を頭ごなしに否定する情報だけが間断なく流された。

このような状況の中で下される判決であり、監査人は、果たして期待どおりの勝訴理由が付された判決を得られるかどうかに関して不安が残った。しかも、概して、裁判所は伝統的に銀行に対する信頼が厚いと聞かされていたので、複数の信託銀行が山一の隠蔽工作に巻き込まれたという前代未聞のスキャンダルの存在を公にする判決を下すことに、一抹の不安があった。しかし、大阪地裁で下されたこの判決は、監査人が監査の現場で実施し、法廷で立証した監査手続が、監査基準・監査実施準則に照らして、正当な注意義務を果たしたことを認めるものであり、監査人にとって実に喜ばしい判決であった。裁判官は、山一事件の全貌を的確に認識し、隠蔽工作に巻き込まれた信託銀行名を明示したうえで判決を下した。

この裁判においても、和解に関する提案がなされたが、和解提案を受け入れるべき理由もなく、判決を要請した結果の勝訴であった。6年の歳月を要したが、正に、わが意を得たりの充足感を齎してくれた。

(2) 判決の注目点

① 監査人は、監査手続を忠実に実施したので、訴訟においても絶対に負けることはないという強い信念をもって、法廷における主張を繰り返し、この主張が裁判官に伝わるという貴重な体験を味わった。

どのような訴訟においても、被告に過失がないことを立証することは、裁判の中で最も難しいと聞かされていただけに、監査人は、会計監査という専門分野において、裁判官の監査制度、監査手続に対する理解を得て、無過失の判決を得たことはこの上もない喜びであった。同時に、わが国の裁判官が、専門分野の問題であっても、判決を書く段階では、相当高いレベルに到達するのが通例であると聞かされていたが、この点も実感した。

この判決で得た成果は、今後、監査委嘱者が隠蔽工作を実行し、監査を妨害するという同様の事件が発生した場合の監査責任のあり方に関し、公認会計士業界にとって役立つと思われる。とかく、会社の不正経理問題が発覚した場合、監査人が一方的に批判され勝ちであるが、監査人は、提出された監査資料に基づいて実施した監査手続をどこまでも粘り強く説明し、監査内容を監査調書により立証することが、職業的専門家として正当な注意義務を果たしたことを認定されるための絶対条件であることを痛感した。

② 監査人は、裁判官の監査に関する判断のうち、次の三点に注目した。

第一点は、

「監査証明による監査意見の表明が、財務諸表が投資家の意思決定にとって有用で信頼できるかどうかについての情報提供の機能を有する」ことを認めながらも、

「そもそも、監査は、不正の発見・摘発を直接の目的とするものではなく、……不正や誤謬による重要な虚偽記載が全くないという絶対的な保証を得ることまでを求めているものではない」ことを明らかにしたこと。

山一が破綻して数年を経過した14年の監査基準、監査実施準則の改訂に際し、企業会計審議会が発表した公開草案に対して、会計士協会が「不正に起因する虚偽の表示への対応について」と題して提出した「………改訂監査基準は、国際監査基準（ＩＳＡ）と同様、不正や誤謬による重要な虚偽記載が全くないという絶対的な保証を得ることを求めているものではなく、不正の摘発を監査の主目的とはしていないものと考えます」との意見書（平成13年8月31日付）を、平成14年においてさえ、不正の摘発が監査の主目的でないことを裏付ける証拠として提出。判決は、会計士協会が具申したこの意見を採り入れて、山一の平成6～9年の監査において、不正の摘発が監査の主目的ではなく、監査意見が重要な虚偽記載がないことを絶対的に保証するものでないことを明らかにした。

第二点は、

「監査手続の適用は、原則として試査による」

「さらに、監査人が入手しうる資料は、原則として被監査会社の保管資料のみであり、監査においては、監査人が被監査会社の任意の協力により十分な監査証拠を得て監査手続を実施することが前提とされている」

として、財務諸表監査制度には不可避的に存在する限界を示したうえ、

「監査人としては、……被監査会社の担当者が、……真の資料を提出しなかったり、虚偽の資料を提出したり、第三者と通じて内容虚偽の説明をしたりした場合に、……その真偽を確実に確認する手段も与えられていない」

と監査人が行使できる権限の範囲、財務諸表監査制度が機能を発揮するための要件を明らかにして、被監査会社の協力がなければ、監査制度が機能できないことを明確にしたこと。

そして、経営のトップが陣頭指揮し、信託銀行が「真実と異なる信託財産の運用状況」を報告するという前代未聞の隠蔽工作を行ったケースでは、監査人は、正当な注意義務を払っても監査目的を達成することが不可能であることを明らかにした。

山一事件の監査責任の判定には、第三者の利用のもとに行われた隠蔽工作をありのままに把握出来るか否かが大きく影響すると考えていたが、裁判官は、山一が行った隠蔽工作を十分に認識されたうえで判決を下した。

さらに判決では、監査固有の限界が存在することを明らかにしたうえ、

「監査人としては、常に不正があるものとして監査に当たることまで求められていない以上、被監査会社の担当者が、上記の前提に反して、真の資料を提供しなかったり、虚偽の資料を提供したり、第三者と通じて内容虚偽の説明をしたりした場合に、当然にその確認をすべきであるということはできないし、また、その真偽を確実に確認する手段も与えられていない。」ことを判示した。

第三点は、

「監査人として通常要求される程度の注意義務（職業的監査人としての正当な注意を払う義務）を尽くして監査に当たったにもかかわらず、当該虚偽記載があることを発見するに至らなかった場合には、……当該監査法人に過失があるということはできず、当該監査法人は、上記損害賠償責任を負

わない」

ことを示し、財務諸表作成者の責任と監査人の責任が異なること及び監査人は結果責任を負うものでないことを明らかにしたこと。

監査の専門家にとって、財務諸表監査における二重責任の原則として、当然のことと理解できるが、損害を被った株主や社会一般は、この二つの責任が相違することを理解出来ない。「判定委員会」、「管財人の主張」、第8章に記述の「新聞社の社説」、「経済専門誌の記事」、「数多くの株主の代理人」のいずれもが、山一に不正経理が存在したことと、監査責任がイコールであると信じて疑わなかったことがその証左である。然し、これらの先入観がとんでもない間違いであるという監査人の主張を、裁判官は、判決の中で認めたのである。

判決は、山一事件における虚偽記載の存在を認めながらも、争点③における裁判官の判断は、上記第1点から第3点における監査責任に関する考え方を山一事件に具体的に適用して監査に過失が無いことを明らかにした。監査人が考える監査像と社会が期待する監査像のずれは、期待ギャップと称されているが、山一事件においては、監査人が実施する監査手続に対して過大な期待を排除し、責任を負うべき範囲を明確に区分して判示した。

(3) 監査調書が監査責任の履行を立証したこと

判決文には判決理由を構成する書証ナンバーが記載されているので、監査人は、本件訴訟において提出した210件の書証の中で裁判官の心証を形成し判決文に示された書証が何かを調査し、大部分が説明のために提出した資料ではなく、監査調書そのものであることを知った。

これらの監査調書は、法廷で審理される8～10年余り前に「山一監査チーム」が作成した。当時、殆んどの監査調書を手書きによって作成し、監査項目ごとに実施した個別的な監査手続の内容と全体の構成及び監査のプロセスとその結果を一目瞭然に示していたが、この事実が裁判官の監査内容に対する理解に役立った。

各事業年度において、どのような点に留意するかを指示した監査計画書の存在、その結果、どのような監査手続を実施し、どのような結論に至ったかを示す監査調書の存在、さらには監査意見の形成を審議した監査調書など、「通常実施すべき監査手続」を実施したことを手書きで綴られた監査調書により立証出来た。したがって、これらの監査手続によっても問題となる事項を発見できない理由・原因がどこにあるかを裁判官は容易に理解できたと思われる。

9年3月期の監査を例にとれば、合計38名の公認会計士、会計士補がそれぞれ担当した科目の監査調書を作成し、監査の実施状況の証跡を明確にしたので、職業的専門家として正当な注意義務を果したことを立証出来た。正に、監査担当者全員、監査法人全体で勝ち得た判決である。

4 大阪地裁の勝訴判決と東京地裁の「職権による和解勧告」の比較論評

(1) 監査の過失に関する原告主張の共通性

大阪地裁における監査人の全面勝訴判決は、122枚という判決文によって裏付けられた。この膨大な判決文は、裁判官が監査責任に関する損害賠償事件を法的に解決するため、いかに心血を注いだか、その強さ・深さを示す。

監査人は、山一事件に関して5件の損害賠償請求訴訟を経験したが、監査人（被告）としていかに監査に過失が無いことを立証しても、担当した裁判官によって審理の進行具合が異なることを実感した。何よりも、審理を担当する裁判官の一つの裁判所における勤務期間が3年というわが国裁判官の勤務体制が、審理の進行に大きな影響を及ぼすことを痛感した。

ところで、大阪地裁で全面勝訴した訴訟と、東京地裁で和解した管財人訴訟における原告は、前者は株主、後者は管財人と全く異なったが、両原告は、いずれも、財務諸表の虚偽記載として「特金勘定が架空であり、実在しない」と主張し、特金監査に過失があるという因果関係を主張して、損害賠償請求を監査人に突きつけた。

(2) 審理されず、突然の「職権による和解勧告」

大阪地裁の裁判官は、本件を担当してから1年10ヵ月後に判決を下した。監査人は、同地裁でそれまで3年間続いた審理が、この裁判官が担当することによって、一気に進みだしたとの印象を受けたが、その結果の判決であった。

他方、東京地裁では、裁判長の交代も頻繁であり、「職権による和解」を勧告した裁判長は、山一事件を担当して僅か3回（15年5月から7月まで）より審理せず、それまでに原告・被告双方の主張がほぼ終わり、主張の違いを理解できる状況にあり、これからようやくゴールへ向かって審理が進むと期待した4回目に、突然、「職権による和解」を勧告。この間、担当してから僅か4ヶ月であった。

(3) 「職権による和解」を勧告した裁判官の判断に対する疑問

① 何よりも、当時、原告側の特金監査に過失があるとの主張は明らかに行き詰まっていた。しかも、仮に、原告の主張どおりに特金勘定が架空であるとして、この金額を利益剰余金からマイナスしただけでは、配当可能利益が残る。つまり、特金勘定が架空であるという主張だけでは違法配当を裏付ける虚偽記載の金額が立証されず、損害請求額と監査の過失との因果関係を立証出来ない状況であった。

そのうえ、そもそも違法配当であるならば、管財人は、先ず、山一の株主から返還を受けるのが筋である。株主名簿には、金融機関が大株主として名を連ね、管財人が大株主に対する違法配当の返還請求権を行使出来る状況にあり、配当金額の多くを、容易に、しかも、確実に回収出来るので、監査人がこの点を指摘した。然し、管財人は、この指摘をにふれず、さらに、監査人が山一の「利益処分案」を適法としたので、違法配当が行われたと主張した。然し、刑事裁判記録によれば、取締役会でこの「利益処分案」を決議した取締役数の過半数を超える取締役は、国内、海外にあった含み損の存在を知っていた、ないしは知りうる立場にあったことが明らかであり、「利益処分案」に対する監査意見と違法配当の因果関係の存在も疑問であった。

②監査人は、これらの事実を、すべて、法廷で証拠の裏付けのもとに明らかにした。このような経過の後の「職権による和解」の勧告であった。少なくとも、証拠を吟味すれば、この事案は、監査人が山一に対して損害を与えていないこと、監査人が負担すべき金額が存在しないことは、火を見るより明らかかと思われた。このような重要な点を、法律的な立場から判断して貫いたかったとの思いが強く残る。

5　我が国の裁判制度について

⑴　監査人自ら訴訟活動の当事者となることが不可欠であること

裁判制度は、紛争を解決する手段として国家によって設営された制度といわれ、訴訟は、紛争を法律的に解決する制度といわれる。然し、ある日突然、損害賠償請求訴訟の被告とされた今回のケースでは、一方において、十分な監査を実施したので、監査人として注意義務に欠けるところがないことを確信しても、黙っていれば、一方的に原告に押しまくられるので、実施した監査に過失が無いことを立証するための作業が要求された。

その主な内容は次のとおりであった。
・原告の主張に対する反論を準備すること
・会計帳簿に記録されない取引であるだけに山一の旧役員や社員に面談して問題が発生した時の事情を調査すること
・監査人が実施した監査手続により何故、問題点に到達できなかったか、その原因を調査すること
・監査人に対する訴訟と並行して審理された旧山一役員の刑事事件の法廷において、旧役員の主張を把握すること
・信託銀行の法務経験者、監査論研究学者、証券取引法研究学者、監査経験豊かな公認会計士など、それぞれの分野の専門家から山一の監査に関し忌憚のない意見を聴取すること
など、監査人は、いわゆる訴訟活動といわれる調査活動に没頭しなければならなかった。

訴訟の進行についても、会計・監査という専門分野に属する事項であるだけに、代理人である弁護士に任せ切りにできず、監査人自ら納得できるまで職業生命を賭けて戦わなければならない状況に置かれた。代理人である弁護士が、法的にしっかりした主張を纏め、証券実務、会計監査の内容を平易に裁判官に伝えるためには、証券業会計・証券業の監査手続・監査理論、会計士協会の損失補填取引発生時の損失補填取引の監査に対する認識及び実施する監査手続を定めた経緯などを先ず、代理人に理解して貰わなければならず、そのための基礎資料を監査人として悔いが残らないように、全力を尽くして準備することが必要であった。

（2）勝訴によっても報われない現行制度の空しさ

訴訟活動に伴う負担額は、弁護士報酬などの直接的な支払額に加えて、間接的な内部コストを計算すると膨大な金額に及ぶ。しかも監査人は、それまで行ってきた監査業務を続けることが物理的に困難となる。そのうえ、訴訟の当事者であることが常に頭を離れず、日常生活の中で、朝起きて洗顔している時、一日が終わって一風呂浴びている時などに、不図、原告の主張の矛盾点や反論の道筋などが浮かんでくることを度々経験した。休息しようとしても、意識が休んでいないという心身のアンバランスな状態、ストレスに悩まされる日々を、長年に亘って耐え続けなければならない。被告とされたことにより、生活のすべてがマイナスからスタートしなければならないような圧迫感を強いられ、本件訴訟だけでも金銭に代え難い6年間という日時を勝つために費やさねばならなかった。過ぎ去った時間は、いくら勝訴しても取り返しがつかない。

今回の判決のように、監査人が勝訴しても、1円の補償もなく、訴訟活動から解放され、勝訴したという事実が残るだけである。勝訴だけを目標にして対応し、その目標を達成したにも拘らず、空しさだけが残る。この空虚な感覚は、監査業務を行うものが負うべき宿命なのかも知れない。

（3）保険対象外のコストに対する補償制度確立の必要性

訴えられた被告が勝訴した場合、損害賠償請求訴訟の防禦に要した費用を「敗訴者」である原告に請求出来ることが、被告とされた監査人にとって合理的ではないかとの感を強く持った。紛争を法律的に解決する手段が訴訟といわれるが、監査人は第三者から一方的に訴訟に巻き込まれる。しかも、過失がないことを立証するためには、膨大なコストの負担を強いられる。

訴訟費用のうち、弁護士報酬の負担がどうあるべきかに関し、敗訴した側が負担するという、「敗訴者負担」制度成立に関する新聞報道を訴訟中に再三目にした。今回、被告として、本件訴訟だけでも6年間に亘り防禦のための訴訟活動を経験して、弁護士報酬は勿論のこと、被告である監査人が防禦のために直接、間接的に要したコストについても、当然、「敗訴者負担」の対象として敗訴した側に請求出来る仕組みを確立することは、健全な監査制度を維持するためにも必要であり、会計士協会にとって、解決すべき重要な課題の一つであることを痛感した。司法制度改革の一環として「民事訴訟費用等に関する法律」改正案は、弁護士報酬を対象としていたが、残念ながら、この法案さえ16年11月の国会で廃案となった。

他方、「裁判の迅速化に関する法律」の制定によって、現在は、第一審判決までの審理期間を2年と決められた。然し、この法律下においても、保険契約によってカバーされない内部コストに対する補償制度が確立されなければ、負担力に心配のある監査人は、判決を得るまで訴訟を維持することを断念し、和解して訴訟を終結させる方策を選択せざるを得ない状況に追い込まれることが危惧される。公認会計士業界の健全な発展のためにも、何らかの制度的な手当てが必要であることを実感する。

(4) 裁判官の職場環境

監査人が対処した5件の損害賠償訴訟のうち、株主が訴えた東京地裁における2件の訴訟は、極めて短期間のうちに終結し、残り3件は、長期に亘った。監査人は、この3件の訴訟において、合計30名の裁判官に対して主張を繰り返したが、裁判が長期化すればするほど、監査人の主張を理解してもらう裁判官の数が増えるという悪循環と時間の無駄使いを経験した。このため、監査人は、何故、裁判が長期化するのかを考えざるを得ない状況に置かれ、弁護士、特に、裁判官経験の弁護士や法律関係ジャーナリストなどの、わが国の裁判制度や裁判官が置かれている環境に関する著書を濫読した。

その結果、裁判・裁判官に関し、次のような情報を得た。

① 転勤による弊害が避けられないこと

一般に裁判官は、勤務先である裁判所をほぼ3年ごとに変わる転勤制度の下に勤務する。しかも、地裁レベルでは、一人の裁判官は、二百件から三百件の訴訟件数を抱えているのが通常であり、同時進行で多数の事件を抱え、任期中の裁判所で終結できる案件かどうかを常に念頭に置きながら、各案件に対処しなければならない状況に置かれている。

② 裁判官に対する人事は最高裁事務総局にあること

裁判官の転勤、昇進などの人事は、勤務する裁判所ではなく、最高裁事務総局が一手に取り仕切る。裁判官に対する勤務評定は、毎月、判決や和解によって処理できた件数が、新しく担当した件数を上回っているかどうか、言い換えれば、手持ち件数をいかに処理したかが重要視される。公正な裁判を行ったか否かが評価されるのではない。丁寧な証拠調べなどをやっていたら、抱える件数を減らすことなど出来ないともいわれ、じっくりと時間をかけて審理することが困難なのが裁判所の実情といわれている。

③ 裁判官の評価は処理能力いかんによって決められること

裁判官が置かれているこの現実が、正義や真実の追究を弱め、時間のかかる判決を避けて、和解件数を増やす原因ともいわれる。判決によるか、和解によるかに拘らず、訴訟件数をいくら減らしたかが、重要な評価基準であり、タイミングを狙って、和解を勧告して終結させることが早道とされる。これが、「法の番人」といわれる裁判官が置かれている一面であることを知った。

わが国の裁判官の職場環境には、改善の必要性を強く感じる。

第7章　最高裁の決定までに10年余を要した「集団的」なオンブズマン訴訟

1「集団的」なオンブズマン訴訟の実体

（1）「原告であること」、「損害が発生したこと」の立証に欠ける損害賠償請求訴訟

株主による「集団的な」訴訟は、大阪地裁第3民事部において3件を併合して審理された。新聞報道では、まず原告弁護団が「山一株主被害者の会」を結成し、「株主オンブズマン」の電話番号を新聞紙上に掲載して、訴訟参加者を募集。損害賠償請求額は、3億2058万円余りに達したが、他方、不適格者と判断される原告が2割を超えるという異常な訴訟となった。

原告不適格者と判断される具体例は次のとおり。

・山一株は、破綻報道後も株式市場における取引が可能であったが、破綻報道の翌年に購入した株式の損失を請求した原告

・家族名義によって購入したと思われる者など、自ら山一株を購入していないにも拘らず、名を連ねた原告

・自ら株式を購入したが、いくらで買って、いくらで売ったことにより、いくらの損失が発生したのかを立証できない原告

監査人は、原告弁護団の呼びかけに応じて、あわよくば、山一株の損失を取り戻そうとした多くの不適格者が紛れ込んでいることを知った。このような不適格者が、もし単独で訴訟を提起すれば、東京地裁、東京高裁における判決のように、直ちに訴訟が終結する。本来であれば、訴訟の入り口において適格者か否かをチェックし、損害額を立証できない株主、明らかに監査報告書との因果関係を有しない株主を原告から除外すべきであるが、原告の適格性はチェックされずに訴訟は始まった。このような杜撰な損害賠償請求が許されるものではない。このため、最初に提起されたこの訴訟が最後まで長引いて、大阪地裁の勝訴判決までに7年10ヶ月、大阪高裁の勝訴判決までに9年、最高裁の上告棄却の決定までに10年6ヶ月の長い歳月を要した。

(2)「投資損失」イコール「請求可能な損害額」という原告の主張

原告81名の山一株の購入期間は、7年6月から10年1月までの2年8ヶ月に亘っている。この間に山一は、中間決算・期末決算を5回発表し、各原告の購入時期によって山一の財務内容が大きく変化した。原告は、訴訟開始時には、「原告らの株式購入時、実際の株価と経営実態を反映したら形成されていたであろう株価（この金額算定は困難である）との間には乖離が生じていた。従って、原告らはこの差額の損害を被っている」と「差額説」に基づく損害を主張した。

然し、原告の損害請求理由は、その後、監査人から「他の要因による下落」による損害額を控除すべきであるなどの反論を受け、主張の時期によって以下のとおりに変遷した。

①山一株式を欠陥商品に譬え、「欠陥商品を購入しただけの時点では、欠陥の存在が明らかになっていないので、購入者の損害はいまだ顕在化していない。しかし、……欠陥商品が明らかになった時点で、その商品の価値は下落して、購入者の損害が顕在化するのである。購入者の損害は、下落した後の価額と購入価額との差額である。」という「欠陥商品購入説」による主張。

②含み損が公表されれば経営が破綻するから平成7年3月以降どの時点においても山一株を購入できなかった。それにも拘らず、購入したのであるから、購入による損失はすべて請求できるという「買わなかった説」による主張。

③さらに、「株式の市場価格は、公表される財務諸表の記載のみならず他の要因によっても変動する。しかし他の要因を排除して虚偽記載がなく真実の記載がなされた場合のみの株価を仮想することはできないし、そのようなありもしない株価との差額を損害額と位置づける意味はない」と主張し、「このような株価を算定することは殆んど不可能」とし、その結果、「原告が株式取得時に出費した金額（処分した場合には処分額を除く）」が請求できる損害であるという「想定株価算定不能説」による主張などを展開した。

もともと購入額が損害請求額であるという原告の主張は、取得時点で山一株式の価値が無価値であったことを前提とするものである。この主張は、証券取引法が定める投資家保護の規定に照らし成り立つ主張ではない。

原告弁護団は、81名の原告の取得時に応じた損害額を立証するという重要な作業を行わず、投資損失そのものが請求可能な損害額であるという主張に終始した。この主張は、損害請求額の法的根拠に欠けるばかりか、請求額と監査報告書との相当因果関係の立証を行わないという致命的な欠陥を伴う。もし、このような主張が証券取引法の損害請求額として認められるとすれば、損害額の算定を容易にすることによって投資家の救済を目的とする平成16年の同法の改正など必要ないことになる。

監査人は、原告弁護団の証券取引法に対する理解が十分でないこと、監査責任に対する損害請求の理論構成が明らかに間違っていることを訴訟開始早々に気付いた。

(3) 原告の損害請求額の主張に対する監査人の認識

本件訴訟における「株主オンブズマン」は、損害賠償請求訴訟を提訴しながら、請求可能な損害額の立証、損害額と監査報告書との相当因果関係の立証という損害賠償請求訴訟における基本的な立証義務を履行しなかった。このため、監査人は、この訴訟において損害を負担する恐れのないことを確信して対応することが出来た。

原告の主張に対する監査人の基本的認識は次のとおり。

第1点　原告の前記①~③の主張の法的根拠が存在しないこと

監査人の目には、①~③の主張が請求可能な損害額を立証する作業を回避するための主張と映った。

蓋し、①の主張は、証券取引法に基づく損害を請求していながら、同法に基づく損害額を算定するという考えに立脚した主張ではない。

②の主張は、仮に原告の主張どおり含み損全額を純資産から控除しても、控除後の純資産がなお次のとおり存在する。

7年3月期には　4156億円
8年3月期には　4670億円
9年3月期には　2026億円

債務超過の会社でさえ、株価は形成される。含み損控除後でもなお2000～4600億円の純資産を有する山一の株価がゼロになるという主張は通用しない。

③の主張に至っては、会計専門家の日常的な業務の実施状況に反する主張である。監査人は、公認会計士として上場会社の株価に一定の条件を付して株価を算定する作業、さらには、非上場会社の株価の算定作業も日常的に行なっている。しかも、国税当局は、非上場会社の株価の算定方法を定めている。したがって、市場で形成された株価に基づいて、含み損相当額の純資産を修正するなどの条件を付した株価を算定して損害額を推算することは、極めて日常的な作業である。原告は、根拠も示さずにこの作業が不可能との主張を繰り返した。

第2点　高価買入額に相当する金額を算定しないことの裏には、投資損失の全額が損害賠償請求

額であるとの主張が見えたが、その根拠を理解出来ないこと

何故、算定不能なのか、しかも算定不能なことが何故、購入額が請求可能な損害であるとの主張に結びつくのか、原告の主張には論理的整合性が全く認められなかった。

第3点　原告には請求可能な損害が存在しないこと

因みに、純資産を修正して各原告の購入時における株価を算定すれば、各原告がどの程度高い金額によって購入したか、つまり、原告ごとの損害見込み額を推算できる。この「差額説」を適用して算出した金額は、請求総額の3割程度にしかならない。

さらに、購入価額が損害額であるという原告の主張を受入れたとしても、虚偽記載による「値下がり以外の事由によって生じたことを証明した場合においては、その全部または一部については、賠償の責めに任じない」ことが証券取引法に規定されている。したがって、購入後、営業休止を発表する前に下落したことによる損失は、請求可能な損害額から控除される。この「他の要因による下落額」を原告ごとに算定すると、控除可能額が請求額の約6割に達し、原告の請求可能額は4割程度に減少する。

このような損害請求額の減少状況の下で、原告が本件訴訟において、既に相被告の山一（破産管財人）及び山一役員から受取った和解金の総額は、1億円を超える。原告が請求可能な損害額を法律に基づいて算定すれば、既に受領した和解金のほうが多いので、請求可能な損害額が存在しない。

監査人は、判決において適格性を欠く一部原告の取り扱い、原告には請求可能な損害額が存在するとすれば、監査報告書と相当因果関係を有する損害額が存在するか否かが明らかにされることを期待した。然し、監査に過失が無いと判示されたことにより、損害請求に関する裁判官の判断は示されなかった。

2　重ねて監査に過失が無いことを認めた大阪地裁の判決内容

本件訴訟の判決内容は、先ず、監査人が「実施した監査手続の概要」を「平成4年3月以前」の事業年度から「9年3月期」までの7事業年度に区分して、多くの監査調書を列挙し十分な監査が行われたことを判示した。次いで、原告が監査の過失と主張する内容に対する裁判官の判断を示した。これらを踏まえて最後に、「職業的専門家としての注意義務をもって、監査基準等で定める監査手続等を行った」ことを認め、監査人が実施した監査手続に過失が無いという裁判官の結論を示した。

(1)　原告が監査の過失と主張した7項目

その内容は次のとおりであった。

「監査計画」、「監査体制」、「営業特金等」、「特金口座」、「現先取引」、「関連当事者取引」、「海外の現地法人」

判決文に示された「裁判所の判断」は、これら7項目について監査人の主張・立証内容を全面的に認め、逐一理由を明らかにして原告の主張を否定。他方、原告が公認会計士を証人として出廷させたうえで監査の過失を立証しようとした内容に対し、判決では証言内容に根拠のないことを理由に斥けた。

(2) 7項目に対する判決

① 「監査計画」、「監査体制」に対する指摘については、「平成4年3月期以前」から「平成9年3月期」の各事業年度にかかる監査調書を示して、監査人が実施した監査に過失がないことを判示。他方、原告側の証人は、山一が顧客勘定の管理業務を法人事務部、主要支店で行っているという重要な事実を知らずに、これらの部署の監査に重点を置いた監査計画を逆に批判するなど、証言内容の信頼性に関し「金融証券業の監査の経験が全くなく」、「抽象的に不当である」と述べるに止まり採用できないことを明らかにした。

② 「営業特金等」の監査に関して過失があったという原告の指摘は、山一が負担した損失の発生原因を構成するので、原告が最も注力した点である。

監査人は、損失補塡取引に関する報道がなされるたびに、当時から主要な新聞記事をすべて蒐集し保管したので、損失補塡取引が社会的な問題となった事実を十分に認識し、実施可能な監査手続を会計士協会の証券業部会において衆知を集めて審議したうえ監査手続を定め、この手続を実施した。このため、当時、どのような監査計画を立てて、どのような監査手続を実施したか、その結果山一からどのような回答を得たか、その回答をどのように評価したか、それらの全体をどのように判断して監査意見を形成したか、などについて、監査調書に基づいてありのままに主張・立証した。

法廷では、監査人が実施した手続のほかに、どのような監査手続が可能であったかが問題となった。

この点に関する争点は、

・会計帳簿に原告が主張する顧客の損益を示す記録が存在したか

・（会計帳簿に記録がないとすれば）何らかの資料が存在したか

・（資料が存在したとすれば）実際に監査手続を実施することが可能か（監査可能な資料が存在したか）

・（監査可能な資料が存在しないとしても）損失補填問題が盛んに報道された点を考慮すれば徹底的な監査手続を実施すべきであるがどのような監査手続を実施したか

などであった。

裁判官は、これらの問題を解明するため、平成3年当時、損失補填を行ったと報道された大手証券会社3社を含む7社に対して調査書を送付して直接回答を得た。裁判の争点が何か全く知らないまま調査に応じた証券会社は、顧客の損益に関する会計記録が存在しないうえ、監査可能な資料も存在しないことを回答した。この回答は、監査人の主張と一致した。その結果、会計記録が存在しない状況の下で、裁判官は、監査人が「質問書」を提出して回答を得たことを示す監査調書、さらには、経営者から「陳述書」を入手して問題となる取引が存在しないことを確かめた監査調書などを示し、

「そのほかに当時の監査慣行に照らして具体的に実施すべきであった監査手続は認められない」ことを判示。

他方、過失があるとの原告の主張に対しては、裏付けがなく「推測に推測を重ねた」主張と断定し斥けた。

③「特金口座」の監査に関する裁判所の判断は、信託銀行作成の「運用状況報告書の資産欄」に貸付公社債の記載がないこと、「貸債取引明細書等の具体的な運用方法を示す資料が添付されていなかった」ことを指摘して、「特金口座には貸債が行われていないかのような外観を呈していた」と判示し、「山一エンタープライズに対して貸債が行われていたことを予見することは不可能であったと認めるのが相当である」と判示。

しかも裁判官は、信託銀行が作成する受託財産にかかる「運用状況報告書」の記載がどうあるべきかについても、山一が隠蔽工作に利用した信託銀行2行に対して調査書を送付して直接回答を得た。その結果、貸債取引明細書等を作成していなかったこと、「運用状況報告書」の貸借対照表の記

載から貸付債券残高の存在が判明しないなどの回答を受けて、信託銀行作成の「運用状況報告書」が運用内容を正しく報告していない事実を認識した。この回答も、監査人の主張と一致した。その結果、「貸債が行われていたことを予見することは不可能と認める」と判示した。「運用状況報告書」の報告内容が運用の実態を示すものでなかったとの裁判官の認識は、同地裁第7民事部が前年に下した判決（第6章参照）と合致する。

④「現先取引」、「関連当事者取引」の監査に過失があるとの指摘は、第3章で明らかにした「法的責任判定委員会」の間違った報告内容を、原告がそのまま主張した部分である。裁判官は、この点についても監査人の主張を全面的に認め、理由を付して原告の主張が事実無根であることを明らかにして悉く斥けた。

⑤「海外の現地法人」の監査に対する原告の指摘に対しても、裁判官は、監査人が実施した監査手続の内容を示し、「通常実施すべき監査手続を行ったものと認めるのが相当」であると判示した。原告の指摘に対し、「抽象的に監査手続の不備を述べるに止まる」ものと判示し、裁判官の「認定を覆すに足りる証拠はない」と判示。

原告は、次から次と実に多岐に亘る監査の過失を主張した。このため監査人は、審理の大詰の段階で証人として出廷を求められ、主尋問、反対尋問、裁判官の質問などに対して4時間に亘り証言を尽くした。監査人にとって初めての経験であったが、長時間に及ぶ尋問中、裁判長が裁判長席から監査人の目を見据えて、証言内容にじっと耳を傾けてくれた姿が強く記憶に残る。判決は、上記のとおり原告が監査の過失と主張した項目ごとに理由を明確に示して原告の主張を悉く斥けた。

第6章に記述した大阪地裁における判決を含むこれら二つの判決における裁判官の認識は、山一の財務諸表に対する監査が十分なレベルであることを具体的に証拠（監査調書）に基づいて判示し、監査基準、監査実施準則の定める水準を満たしており、監査人が職業的専門家として正当な注意義務を果たしたという点で一致した。同一の監査内容に対して、裁判官によって評価が異なることなど考えられないことであるが、大阪地裁におけるこの二つの判決は、監査の過失として採り上げた監査項目に関する内容が異なっていたが、監査人が実施した監査に対して、全く同一の評価を下した。

かくして、監査人は、「集団的」なオンブズマン訴訟において監査手続に過失がないとの判決を得たのである。

(3) この判決の意義

判決には、「会計監査の目的は重要な虚偽記載等を看過しないこと」にあると述べられたうえ、これを看過したことに監査に過失があるという原告の主張に対する裁判官の判断が示された。裁判官の結論は、「当時の会計監査の水準を踏まえ、監査に関する職業的専門家として一般的に要求される程度の注意義務をもって通常実施すべき監査手続を実施したにもかかわらず虚偽記載等が存在したような場合は、過失はなかったといわざるを得ない」というものである。

この結論に至った理由を支える監査制度に対する裁判官の見解として、判決文の次の記述が挙げられる。

① 「監査契約は証取法193条の2に基づく監査を目的とする準委任契約」であり、「監査人としては、……主として監査基準に基づき通常実施すべき監査手続を実施すべき義務を負って」いるが、「捜査機関や証券取引等監視委員会等と異なり、強制捜査（検査）権限を持たず」との記述がある。この記述の中に財務諸表監査制度に対する裁判官の認識が示され、被監査会社の協力が得られない監査において、監査人にはこれを打ち破る権限が与えられていないという監査の限界が存在することを明らかにした。

② 「山一證券が被告に委託したのは法定監査であり、特に不正発見を目的としたものではなかったこと」、「被監査会社から受け取る報酬から合理的に割り出される人員及び時間をもって監査手続を実施せざるを得ないこと」など財務諸表監査制度が不正発見を目的とする特別の監査ではないことと及び監査制度には固有の限界が存在することに対する認識を明らかにした。

③ さらに、平成3年12月改訂の監査基準、監査実施準則におけるリスク・アプローチの適用に関し、14年改訂と比較し

「監査人が監査を実施するに当たっての規範といえるほどの具体性を有していたとはいえず」、

「我が国の監査実務に浸透するまでには至っていなかった」、「被告が厳格な意味でのリスク・アプローチを採用しなかったことをもって直ちに過失があったと捉えることはできない」

と判示し、山一の監査実施時にはリスク・アプローチによる虚偽記載の発見義務が課される程に、リスク・アプローチの具体的内容が定まっていなかったことを明らかにし、3年12月改訂の監査基準、監査実施準則に、リスク・アプローチに関する規定が存在することを以って、監査責任を問えないことを明らかにした。

④そのうえ、「不正及び誤謬」、「違法行為」に関する公認会計士協会の報告書を取り上げて、この報告書に抵触することが監査の過失であるとの原告の主張に対し、これらの報告書の適用は、同報告書の適用時期（9年4月1日以降の監査に適用）に記載のとおり、本件監査時に適用される監査の指針ではないことを明らかにして原告の主張を斥けた。

裁判が長引けば長引くほど、監査を実施した時点と監査内容を判定する時点に隔たりが生じ、この間、監査制度に対する社会の期待が拡大し、監査責任に対する追及が厳しくなる。監査人は、審理に長い歳月を費やすことによって不利な立場に置かれることを強く意識していたが、判決内容は、監査実施時期と判決時点における監査に対する社会的要請の強弱が判決に影響を及ぼすものでないことを明らかにし、監査人の危惧を払拭するものであった。つまり、判決時点における不正発見に対する社会の期待がいかに大きく変化しても、そのことによって、監査人が結果責任を負うものでないことを明らかにした。監査実施時に適用される「監査の基準」に則り財務諸表監査制度における監査人の権限の範囲と責任の限界を明確に判示し、監査人が置かれている監査の環境を的確に認識されたうえで示された判決であり、公認会計士業界にとって意義のある判決と評価出来る。

3　大阪高裁における訴訟の経緯・判決

大阪地裁判決後、原告は直ちに控訴したが、控訴審の経緯は次のとおりであった。

(1)「控訴理由書」に目新しい主張がない

原告は、大阪地裁において請求棄却の判決が下された3日後の平成18年3月20日に「控訴状」を、さらに、2ヵ月後の5月12日に「控訴理由書」を提出した。これを受けて大阪高裁は、監査人に対して、7月20日までに、控訴理由書に対する意見の提出を命じた。

「控訴理由書」には原判決を批判する主張が数多く見られたが、監査の過失に関する目新しい主張はなかった。しかも、原判決に掲げられた監査の過失に関する7項目のうち、「控訴理由書」では2項目だけを取り上げて、これまでの主張を繰り返した。

(2) 最初の法廷で控訴人が専門家による意見書を提出することを主張

大阪高裁における法廷は、3回開廷されたが、3回目の19年1月17日に結審し、判決日が4月27日と決められた（その後5月25日に延期された）。この間、控訴人は、大学教授及び公認会計士（2

名）の合計3通の意見書を提出した。

然し、2名の公認会計士の意見書は、原告のこれまでの主張に酷似した主張の繰り返しに過ぎず、目新しい主張がなかった。大学教授の「意見書」は、管財人との訴訟の際に、管財人が数年前に東京地裁へ提出した「意見書」そのものであり、本訴訟のために作成されたものでなかった。監査人は、既に管財人との訴訟において、この「意見書」に対し、公認会計士として監査実務を経験され、かつ、大学で監査論を担当されている教授による反論書を提出し、この「意見書」に見られる事実誤認・独断による誤りを具体的に指摘ずみであった。これら3通の意見書は、当然ながら、何の効果も齎さなかった。

(3) 高裁判決を受けて

監査人は、3通の準備書面を提出した状況で結審を迎えたが、控訴人の主張に対し、裁判官から意見を求められることが一度もなかった。そのうえ、控訴人から新たな主張がなく、損害請求額の適否に関する審理が一切なされない状況の下で結審したので、判決が逆転することに対する不安が全くなかった。したがって、「本件控訴をいずれも棄却する」との判決は、極めて当然のこととして受け止めた。ただ、この4件目の訴訟の判決を得ることによってすべての訴訟事件から解放されることが嬉しかった。

この判決は、「被控訴人の故意又は過失の有無」に関し、原審で問題にした7項目の監査の過失に関する主張に対して、控訴人が新たに提出した専門家の意見書にも敷衍して、逐一、裁判官の判断を明らかにした。その内容は、原審における監査に過失がないという地裁の判決に一層の厚みを増すものである。特に、特金口座の監査に関し、本判決においても「信託銀行作成の運用状況報告書に、殊更に実態と異なる信託財産の運用状況が記載されていることは通常想定し難く、被控訴人において上記運用状況報告書の内容が実態に合致するものと考えたとしても、無理からぬところがある」ことを明らかにし、「特金口座の監査に関して、被控訴人に過失はなかったものと認めるのが相当である」と判示した。

そして、「控訴人らの本件請求はいずれも理由がないからこれを棄却すべきところ、これと同旨の原判決は相当であり、本件控訴はいずれも理由がないので棄却する」との判断を示して終結した。

株主訴訟事件における当方の代理人は、最初の訴訟である管財人訴訟から山一事件に関与した一人の弁護士が担当し、原告側の大勢の弁護士に立ち向かった。法廷における弁護士の数ではいつも圧倒されたが、原告に対する主張の展開は万全であった。長期間に及んだだけに実に根気強く対応し、東京地裁における訴訟を含む4件の株主訴訟のすべてにおいて勝訴判決を得た。これらの訴訟で監査人の主張がすべて認められたことは、この弁護士の的確な判断・豊富な経験に裏付けられた手腕に負うところが大きい。監査人は、訴訟の終盤はいつも大阪地裁・同高裁に出廷し、その対応を目の当たりにしたので、終始一人で対応し無事にすべての訴訟を終結して呉れたことに対し、言葉では表現できないほどの感謝の念に包まれた。同時に、被告・その代理人という立場で実に長い間同じ目的に向かって共同作業を続け、目的を完遂させたことによる充実感を共有できたのである。

4　最高裁判所への上告とその顚末

大阪高裁における判決から1ヶ月余りを経過した19年6月下旬、控訴人（株主）が上告状を最高裁判所へ提出したこと及び「上告提起通知書」、「上告受理申立通知書」による申し立てがあったことについて、監査人は、大阪高裁から連絡を受けた。

最高裁への上告は、一審、二審の判決に憲法の解釈誤りがあること、その他憲法違反があることを理由とすることなど、上告できる理由が限定され、監査の過失の有無など事実認定に関する事由を上告理由とすることが出来ない。しかも、上告を棄却する判決は、上告件数の97～98％に達する。どのような上告理由のもとに上告したのか定かでないが、上告状が提出されてから1年3ヶ月を経過した20年9月16日、最高裁第三小法廷は、上告を棄却する決定を下した。

この間、監査人に対する最高裁からの連絡は一切なく、正に、一方的な状況の下で上告が斥けられた。これによって、山一事件に関するすべての訴訟事件が終結した。

第8章　真実に反する報道・著述及び判決に対する見当違いの批判論文の出現

1　判定委員会の間違った最終報告書を代弁した新聞報道

いかに真剣に監査業務に取り組んでも、監査人は、時には大きな疑惑の渦に巻き込まれてしまうことがある。多くの場合、その疑惑は、マスコミ報道を通して醸成され、拡大される。山一事件もその例に漏れるものではなかった。しかも、監査責任に関する報道には、事実を的確に把握したうえで真実を伝達する内容は皆無であった。

(1)　10年11月23日朝刊の誤りの含まれる報道

判定委員会は、一枚の監査調書を調べることもなく、監査責任に関する事実と大いに反する報告書を山一へ提出した。何が真実かを知らないマスコミは、この報告の内容を自ら検証することなく、繰り返し報道した。

その典型は、次の新聞報道。

「債務隠し〝拠点〟調べず」
「山一」責任判定委が最終報告
「監査法人の責任指摘」
「粉飾容認に等しい」
「損害三九億円」
「賠償訴訟提言」

まずこれらの見出しを読んだ読者は、どう感じるであろうか。山一社長の写真とともに紙面を大幅に費やされ、精神的に追い詰められていた監査人にとって極めて印象深い記事として記憶に残る。

この新聞社社会部は、山一が社内に留めた判定委員会による最終報告書を、出版物に掲載するなど、山一事件の情報を入手するための特別のルートを持っていたと思われる。報告書の内容が真実であれば、私の心もまったく揺れ動かなかったと思うが、真実にはほど遠い報告書の内容を確かめることなく代弁したのである。最終報告書の内容を何一つ検証せずに書いたと考えざるを得ないのである。そのうえ、最終報告書に基づいて作成したと思われる記事にも誤りが見られ、しかも、監査人には何の反論の機会さえ与えられなかったのである。会計・監査の専門外の記者が書いた記事であっても、検証不足による、真実に程遠い内容の報道は決して許されないと私は強く思う。

債務隠し〝拠点〟調べず
「山一」責任判定委が最終報告
監査法人の責任指摘
「粉飾容認に等しい」
損害三九億円
賠償訴訟提言

山一証券の委託で、破たん責任を追及してきた「法的責任判定委員会」（座長・○○○○弁護士）が最終報告書の中で、「山一の監査法人は簿外債務工作の中心となった関連会社の監査を怠り、山一側に三十九億五千万円の損害を与えた」と指摘していたことが二十二日、明らかになった。債務隠しは一九九一年末に実行されたが、この監査法人は九二年三月期の決算以降、「山一の決算は適正」とする監査報告書を提出していた。これに対し、判定委は「これは粉飾決算を容認しているに等しい」と指摘し、山一側に監査法人を相手取った損害賠償請求訴訟を起こすよう、異例の提言をしている。

山一の監査を担当していたのは大手の「中央監査法人」（村山徳五郎理事長、東京都千代田区）。

弁護士三人と公認会計士一人で組織する「法的責任判定委員会」は今年五月に、山一証券から破たん責任の解明を依頼され、翌月、「簿外債務処理に関与した行平次雄前会長ら旧経営陣十人の責任は重大で、損害賠償請求訴訟を起こすべきだ」という内容の第一次報告書を山一側に提出していた。最終報告書は、さらに監査法人の責任を究明したもので、中央監査法人の監査の実態と問題について、A4判全百九ページの報告書をまとめた。

山一は九一年、巨額の含み損のある有価証券をペーパーカンパニーに移し替えようと計画した。問題はその買い取り資金で、翌年、まず山一は信託銀行と信託契約を結んで一千七百十一億円相当の国債を購入した。さらに、この国債を山一の関連会社「山一エンタープライズ」（エ社）に貸し出し、最終的簿外損失の受け皿会社となった五つのペーパーカンパニーにまた貸しした。五社はこの国債を逆に山一に貸し出して現金を調達し、その金で含み損のある有価証券を山一から引き取り、簿外で隠し続けた。

読売新聞社が入手した報告書によるとエ社は山一から5％、「山一情報システム」から50％、「山一経済研究所」から45％の出資を受け、自らは「山一土地建物」に90％の出資をしていた。

中央監査法人は、この四社と山一土地建物の子会社である「山一ファイナンス」の監査はしていたが、エ社の監査はしていなかった。

監査特例法によると、資本金が五億円以上か、負債額が二百億円以上の企業は監査法人の監査を受ける義務がある。エ社は資本金が八千万円、負債額は二百億円に満たないことになっていた。

しかし判定委では①エ社は山一本体に対して千七百億円もの国債を借りており、実質的な負債額が二百億円を超す商法監査適用会社だった②国債を貸したことに伴う相当な借入利息が山一の損益計算書に計上されており、その利息の監査をしていれば簿外債務は発見できた③この貸し債についてエ社に確認手続きを行っていない④中央監査法人は山一土地建物を監査しているにもかかわらず、同社の親会社であるエ社の財務状況や経営成績を把握するための決算書の閲覧をせず、エ社の商法違反行為を見過ごした——などと計七項目の監査不備を指摘している。

その上で、「中央監査法人は故意又は過失により、通常実施すべき監査手続きを実施しているとはいえず、有価証券報告書の記載に重要な不備が存在することを見過ごした」「粉飾決算を容認していたに等しい」と指摘し、山一が被った損害総額は、監査報酬料一億九千二百万円を含む三十九億五千万円に上る、としている。

中央監査法人の真砂由博・代表社員（広報担当）の話 「山一証券の監査をめぐっては、

すでに民事訴訟が係争中であり、現時点では何もお答えできない。今後、裁判の場で我々の立場を明確にしていきたい」

『平成10年11月23日　読売新聞　朝刊』

この記事を読んだ読者は、どう思うであろうか。大きく誤った最終報告書に続き、これらの報道は、社会に対して監査責任に関する認識の誤りを増幅させ、その後、監査人が多くの利害関係者から不当な指弾と損害賠償請求訴訟を受ける正当性を社会に醸成した。

(2)　報道記事の内容と、裁判の結果証明された真実との相違点

この新聞記事は、判定委員会の報告内容を「しかし、判定委では」として、次のように報道した。

「……しかし、判定委では①エ社（山一エンタープライズ）は山一本体に対して千七百億円もの国債を借りており、実質的な負債額が二百億円を超す商法監査適用会社だった②国債を貸したことに伴う相当な借入利息が山一の損益計算書に計上されており、その利息の監査をしていれば簿外債務は発見できた③この貸し債についてエ社に確認手続きを行っていない④中央監査法人は山一土地建物を監査しているにもかかわらず、同社の親会社であるエ社の財務状況や経営成績を把握す

るための決算書の閲覧をせず、エ社の商法違反行為を見過ごした――などと七項目の監査不備を指摘している。

真実との相違点は以下のとおりである。

①は、前後の記事の内容から判断すると、エ社が山一の関連会社であり、しかも、実質的な負債額が二百億円を超すので、（中央監査法人が）商法監査の適用会社として監査すべきであったとする。第一点は、エ社が山一の「関連会社」との認識が誤っていること。エ社は、山一グループの会社であるが、「財務諸表等規則」に定める「関連会社」に該当しない。山一の監査人はエ社を監査できる権限はなく、監査すべき義務も負っていない。

第二点は、エ社の負債額がいくらであるかは、エ社の取締役、監査役にとって重要な問題であるが、山一の監査人の監査責任とはなんら関係がない。しかも、判定委員会は、山一の隠蔽工作の実態を知らないので、エ社が名義上、信託銀行の取引の相手方として取り扱われただけで、エ社自身に取引の当事者としての認識がない。このため、債券の貸付取引・借入取引が会計帳簿に記録されず、債券の貸付残高・借入残高も貸借対照表に計上されない。さらに、債券の貸借取引に伴う貸付料の受取・借入料の支払いについても一切記録されない。判定委員会は、これらの事実を全く知らずに報告書を作成した。

②は、経理のある程度の知識を持っていれば、会計的に辻褄が合わないことは、一目瞭然である。

「国債を貸したことに伴う相当な借入利息」など存在しない。しかも、信託財産である国債の貸付に伴う収入は、山一ではなく信託銀行に入金され、信託銀行の特金口座に運用収益として計上されるので、山一の会計帳簿には、一年間の運用収益（国債利息、国債売買益など）の合計額が一括して計上され、貸付収入は、その中に含まれる。

③は、債券の貸付者が信託銀行であることを調査・認識していないため、山一の会計帳簿には債券の貸付記録が存在しないことを知らないと思われる。受託者である信託銀行の役割に関する知識が欠落し、山一の監査人にとって監査が可能な会計記録と、会計記録が存在せず監査が不可能な部分の区別が認識されていない。何よりも、山一の会計帳簿の特金勘定残高の裏付けとして、信託銀行がいつも国債の現物を所有していることを報告している事実を、全く知らないと言わざるを得ない。監査人が信託銀行から確認書を入手し、かつ、信託銀行が信託財産として国債の現物を所有していることを報告しているにも拘らず、何故、さらに、「確認」手続を実施しなければならないのであろうか。

監査人の立場からすると、信託銀行が国債の現物を所有していること、しかも、その国債を時価評価すれば含み益が発生していることを報告しているにも拘らず、信託銀行の報告に疑問を持って監査を行わなかったことが、監査の不備であるというものであり、全く監査基準に合わないものである。

④は、山一の隠蔽工作を知らないことを表している。監査人が山一土地建物の親会社であるエ社

の決算書を査閲すれば、そこには負債額が二百億円を超えていることが記載され、エ社が商法特例法に基づく監査を受けなければならないことが判明した筈であると推測する。もし、推測どおりに判明すれば、監査人は、山一土地建物を監査しているから、その親会社であるエ社の監査人に選任される筈であると、推測を重ねる。さらに、監査人がエ社の監査人となり推測どおりに監査を行えば、エ社の内容がわかった筈と結論付ける。最初の推測のエ社決算書を査閲しなかったことが、「商法違反行為を見過ごした」原因であり、監査の過失であると極め付けたものと思わざるを得ない。実際には、最初の推測に該当する記録が存在しない。

さらに、エ社の子会社である山一土地建物の監査人が、何故、親会社の決算書を査閲しなければ、監査の過失になると極め付けられるのか、その理由も不明である。親会社の監査人が、子会社の決算書を査閲すべきことに疑念はないが、何故、その逆が、子会社の監査人にとって義務となる監査手続か、監査の実務・理論において受け入れられる根拠がない。このように連続的推測による④も、監査責任を裏付けるものではない。

山一自身、法的責任判定委員会が監査の不備と指摘していることに対し、予め監査人の監査手続を予測して隠蔽しており、法的責任判定委員会の言う作業を実施してもなんら不審な点を把握されないように工作したことが刑事裁判記録の中で明らかであり、最終報告書の内容の前提となる事実は存在しない。

以上のようにこれだけの間違いが「最終報告書」を元にした記事の中に含まれている。記事を紙面に載せる前に、監査知識のある者に依頼し、調査をすれば、これらの内のいくつかの誤りは指摘されていたのではないだろうか。

(3) 新聞報道による情報の氾濫

監査責任を報道するのであれば、正確な実態を把握してから言及すべきである。誤った内容の報道は、社会的使命を果たすどころか、その間違いが一瞬にしてインターネットに流れ、無限大にその範囲が拡大・増幅され、国内のみならず、海外においても誤った世論を形成してしまうのが現代の情報化社会である。このような情報伝達の仕組みを通して、新聞読者の何十倍、何百倍もの情報利用者に誤解を植え付け、そのうえ、監査人のみならず、公認会計士業界に多大な損害と苦痛を与える。

この記事は、判定委員会が「七項目の監査の不備を指摘している」と報道しているが、残る3項目こそ、第3章の「監査人の故意ないし過失」として挙げられた3項目に他ならない。したがって、「七項目」のすべてが真実とは異なった内容である。真実とは異なった内容の記事によって傷つけられたことに対する憤懣やるかたない心情の深さは、監査人でなければ到底理解できないものである。

2　管財人による損害賠償請求訴訟に関する誤った新聞報道

(1) 新聞の報道姿勢

平成11年12月に管財人が監査人に対して損害賠償責任を追及することを発表したことに関する報道は、概して、管財人に対する応援団のような記事が多かった。

「山一管財人団監査法人提訴」(平成11年12月15日　朝日新聞　朝刊)
「企業との『なれあい』追及」(平成11年12月15日　朝日新聞　朝刊)
「もたれ合い」にメス(平成11年12月15日　日本経済新聞　朝刊)
「山一破産　監査法人を提訴」(平成11年12月14日　朝日新聞　夕刊)
「山一管財人団が提訴」(平成11年12月14日　日本経済新聞　夕刊)
「会社資料うのみ、形式化」(平成11年12月14日　日本経済新聞　夕刊)

などの見出しのもと、各社が一斉に管財人が監査人を訴える行為を当然のことと報道。

その中で監査人が注目したのは、平成11年12月15日の次の記事であった。

山一管財人団監査法人提訴
企業との「なれあい」追及
監査水準アップも期待

山一証券の破産管財人団が十四日、中央監査法人などを相手に損害賠償請求訴訟を起こした。従来の監査法人を相手にした訴訟は、証拠を十分にそろえにくい株主による提訴が中心だったが、今回は膨大な内部資料を利用できる当事者からのもので、監査法人の責任が厳しく問われそうだ。

破たん時の山一経営陣は、粉飾決算をした旧経営陣や監査法人の法的責任を追及するため、社外の弁護士や公認会計士に依頼して法的責任判定委員会を作った。同委員会は膨大な資料を調査、一九九八年十月に最終報告書を作った。この中で、九二年三月期から九七年三月期まで合計十二回の粉飾決算を監査法人が見抜けなかったのは「故意もしくは重大な過失だ」と指摘、当時の山一経営陣に監査法人への提訴を求めた。

判定委はこの報告書の公表を強く求めたが、経営陣は消極的で、公表も提訴もしなかった。一時は消えかかった提訴は、山一の破産宣告後、管財人団が「監査法人の責任追及だけでなく、賠償金をとって債権者のために少しでも多く回収する」（管財人の○○○○弁護士）と、よみがえらせた。

倒産や破たん企業の会計監査をした監査法人が、株主らから訴えられるケースが相次いでいる背景には、企業と監査法人の「なれ合い」が指摘されている。中央監査法人は約三十年間も山一を監査し、担当会計士には十数年間、山一担当の者もいた。別の大手監査法人幹部は「長い人は三十年も同じ企業を担当し、企業と一体化しがち」と認める。今回の提訴には「いつまでも日本の監査水準がこれで良いのか」（管財人団の○○○○弁護士）という問題意識もある。

監査法人は出資社員が連帯責任を負うため、敗訴すれば巨額の賠償金を全出資社員が負担しなければならない。米国の監査水準が向上したのは、八〇年代に倒産企業の監査法人への訴訟が相次ぎ、厳しく責任を追及されたこともある。日本公認会計士協会も信頼回復策を探っているが、日本でも訴訟が監査水準の向上を促しそうだ。

法廷で責任が追及される山一経営陣や監査法人と比べ、大蔵省の責任追及は十分でない。社内調査に対して山一の三木淳夫副社長（当時）は、九二年に大蔵省の松野允彦証券局長（現・全国地方銀行協会副会長）から損失を「飛ばす」処理法を示唆されたと述べている。松野氏は国会答弁で「飛ばしの一般的な話をしただけ」で、「飛ばし」は山一の責任と反論している。社内調査に携わった関係者からは、大蔵省の法的責任を追及する声もあがったが、法的責任判定委は「違法性を立証しにくい」と断念した。大蔵省は法的な責任追及を免れた形だ。

中央監査法人の真砂由博代表社員の話　現行の監査基準や監査慣行に照らして十分な監査をしてきたことを法廷で明らかにする。法的責任判定委員会の報告書を入手していないが、知り得た範囲で検討したところ、誤りが数多くある。

『平成11年12月15日　朝日新聞　朝刊』

「従来の監査法人を相手にした訴訟は、証拠を十分にそろえにくい株主による提訴が中心だったが、今回は膨大な内部資料を利用できる当事者からのもので、監査法人の責任が厳しく問われそうだ。」との記事である。

監査人を訴えた主役がこれまでの訴訟とは違うので、監査責任の追及を厳しく行うことが可能であるとの報道である。当時、管財人は、訴訟に必要な監査調書の謄写作業を行っていたので、山一社内のすべての資料、監査人が作成した監査調書の両方を、自由に駆使できる状況にあり、この点において、記事は正鵠を得たものであった。

監査人は、もし新聞報道のとおりに管財人が山一の内部資料を十分に調査すれば、山一が信託銀行をはじめ多くの第三者を巻き込んで実施した隠蔽工作の実態が明らかになるので、監査の過失を立証することが不可能と気付くものと踏んでいた。蓋し、隠蔽工作は、山一内部のみならず、世の中がバブルに塗れていた時に、「大口顧客」、「複数の信託銀行」、「国際的なアカウンティングファーム」などが山一の隠蔽工作に利用されるという、通常の財務諸表監査では想定できないほど、第三者が虚偽の報告書、確認書を作成する役割を分担するように仕組まれ、実行されたのである。管財人がこの実態を把握し、山一事件が、これまでにわが国で行われた不正経理とは全く異なる様相の事件であることを認識すること、山一が行った隠蔽工作による監査妨害行為との対比の下に、監査の過失の有無を調査することを期待した。

この新聞報道は、一方では、山一の内部資料から、報道機関が知りえない事実を管財人が明らかにすることを期待したものと思われる。この点について異論はない。他方、賛成しかねるのは、これまでの監査人に対する訴訟が、原告の資料不足が原因で監査責任を追及できないかのような論調である。この見解は、明らかに間違っている。資料の有無と監査責任の有無は関係がない。山一の内部資料、さらには必要な監査調書をすべて揃えても、過失がなければ立証出来ない。資料があるから責任の追及が厳しくなるという発想は、監査に過失があることを前提にしなければ成り立たない。この記述は、最終報告書による誤った報告や根拠のない風評に毒され、客観性に欠けたものと言わざるを得ない。

(2) 社説における誤った報道

次いで驚かされたのは、「会計監査の信頼獲得への道」と題する平成11年12月16日・日本経済新聞社説。

会計監査の信頼獲得への道

山一証券の破産管財人団が中央監査法人と法定監査に携わった公認会計士を相手に損害賠償の訴えを起こした。旧経営陣に対する裁判も継続している。大手証券を破たんさせた粉飾決算の責任追及が経営者と会計士で並行して進むことになった。

管財人団は会計監査人が資産計上された約千五百億円の金銭信託（特金）が実体のないものだったことを見逃すなど、決算を適法と認めたことで違法配当を許したとして、会社に与えた損害約六十億円の賠償を求めた。特金の中身の実査を怠るなど、責任を免れないというものだ。

破産宣告後とはいえ、会社側による監査法人の法定監査に対する責任追及は極めて異例だ。粉飾決算の実態や監査法人のかかわりを立証しにくいためで、山一問題が訴訟に持ち込まれたのは旧山一社員による内部調査委員会や法的責任判定委員会が残した調査資料の存在が大きい。

裁判の焦点の一つは金融機関の経営に「はしの上げ下げ」まで干渉するといわれた大蔵省の監督、検査との関係がどこまで明らかになるかだ。特金の会計処理を巡り、時価主義を主張する会計士と原価主義を譲らない大蔵省でもめたこともあった。時価主義を採用していれば、合法的損失隠しは難しかったはず。

当局が認めた金融機関の決算を公認会計士が否認することが当時の慣行の下で可能だったかどうかも争点になり得る。行政責任が明らかになれば、焦げ付きが予想される日銀特融（約三千三百億円）の損失分担の問題にも影響する可能性がある。

法定監査は形式だけで実質を伴わなかったのが実態としても、だからといって監査責任を免責されるものではない。裁判で問われるのは会社の会計報告が正確かどうかをチェックする公認会計士の職業的専門家としての責任であり、破たんによって投資家や債権者に損害を与えたことの「結果責任」だからである。

「現行の監査基準、監査慣行に照らして十分な監査を行っている」と言う中央監査法人は、裁判で監査の実態を明らかにすべきだ。仮にそれが公認会計士の自己否定になるとしても、結果責任を引き受けることによって、会計監査と監査法人自身の信頼獲得への道が開かれる。

そこでは、

①「山一問題が訴訟に持ち込まれたのは旧山一社員による内部調査委員会や法的責任判定委員会が残した調査資料の存在が大きい。」

②「管財人団は会計監査人が資産計上された約千五百億円の金銭信託（特金）が実体のないものだったことを見逃すなど、決算を適法と認めたことで違法配当を許したとして、会社に与えた損害約六十億円の賠償を求めた。特金の中身の実査を怠るなど、責任を免れないというものだ。」

③「仮にそれが公認会計士の自己否定になるとしても、結果責任を引き受けることによって、会計監査と監査法人自身の信頼獲得への道が開かれる。」というものである。

社説は新聞社の見識を示すものであるが、山一事件についてどれだけ実態を把握したのかを疑った。記事の内容から判断すると、山一事件の実態を何も知らずに書いたと思わざるを得なかった。

疑問を抱いた理由及び社説の間違いは以下のとおり。

①に関しては、「調査委員会」、「判定委員会」の報告書の存在が大きいと記載しているが、その中身の評価作業を行っていない。

②に関しては、ここでも特金の「実査不足」という誤った監査の過失論を中身を検証することな

くそのまま引用している。

東京地裁において管財人訴訟を担当した裁判官は、本事案は山一が監査人に対して損害を請求したとすれば、訴訟には成りえないほど隠蔽工作による監査妨害行為が存在したことを明らかにし、さらに、株主訴訟における大阪地裁判決（第6章及び第7章参照）のとおり、信託銀行が隠蔽工作に巻き込まれた事案である。

③この社説は、法廷で監査の実態を明らかにすべきことを強調する。この点に異論はない。損害賠償請求を受けたのであるから、監査の実施状況を詳細に説明して、監査調書に基づいて過失がないことを立証することは当然である。問題なのは、この社説が、（裁判で）「結果責任を引き受けることによって、会計監査と監査法人の信頼獲得への道が開かれる」と主張することで、この考えも明らかに間違っている。蓋し、監査人には、経営者が作成した財務諸表に対して結果責任を負うべき法的根拠がない。もし結果責任を問われるのであれば、監査基準・監査実施準則を設定し、監査責任の範囲を限定する必要がない。これらの基準・準則の存在は、監査基準の設定理由の中に明文化されているとおり、監査人の責任が無限ではなく、おのずから限界があることを示す。監査人にとって必要なことは、決められた監査のルールを遵守することであり、このことが、監査の信頼を維持するための唯一の方策である。

④この社説の中には、ほかにも首を傾げざるを得ない記述がある。

例えば、「特金の会計処理を巡り、時価主義を主張する会計士と原価主義を譲らない大蔵省でもめたこともあった。時価主義を採用していれば、合法的損失隠しは難しかったはず」と記述する。この新聞社は、バブルの崩壊時に上場会社やその金融子会社が特金で株式を運用し、多額の含み損を抱えたことを盛んに報道したが、山一事件を、これと同一視して特金勘定に「時価主義」を適用するか、それとも「原価主義」を適用するかの問題であると認識している。この認識は山一事件の本質から全く外れた的外れの認識である。山一事件をこのような単純な問題と誤認したために、監査人の責任は、結果責任を強要してよいほど監査に問題があったと断定するという発想につながったのかも知れない。

⑤この同じ新聞社は、管財人が監査人を提訴した報道の第一報（平成11年12月15日）の中では、「外部監査の責任を裁判の場で問うことを疑問視する声も少なくない。ある公認会計士は『監査法人には強制的に調査する権限はなく、会社側に意図的に情報を隠されたらチェックしようがない』と話す。」と同業の会計士のコメントを掲載し、監査責任に関し、慎重な報道の姿勢を見せて、山一事件が、必ずしも監査責任に直結するものではないことを伝えた。然し、その翌日にこの社説を掲載した。この社説は、山一の監査人が監査の結果責任を負うことが当然であるとの誤った認識を広く社会に伝え、結果として世評を著しく誤導したと言えよう。

かくして、山一の監査に関する情報は、「調査委員会」、「判定委員会」、「管財人訴訟」、「新聞報道」のどの段階でも山一が行った監査妨害行為や、監査人が実施した監査の内容が伝えられることなく、これらのものが煽った結果の間違った世論が広く、大きく形成され、恰も、それが正義であるかのように認識されてしまった。このため、監査人は一方的に、厳しい立場に立たされ、法廷においても監査責任を巡って、管財人や多くの株主との間で、延々と争わなければならない破目に陥り、正に、マスコミの報道によって翻弄され続けた。

この新聞社の山一監査に関する誤報はさらに続いた。

平成17年9月7日には、「会計士を一斉処分、山一などの粉飾見逃し」との見出しの下に、山一の監査人が処分対象であるという事実無根の記事を掲載した。会計士協会は、直ちに、「処分を決定した事実」がないこと、この新聞社に対して「記事の正確性を求めて申し入れを行ったこと」をスポークスマン・コーナー担当常務理事名によって公表した（平成17年9月7日「9月7日付日本経済新聞記事に関して」）。

3　更に輪をかけた週刊経済専門誌の誤った報道

(1)　間違った報道の具体的内容

管財人が監査人を提訴した直後、99・12・25号の経済専門誌においても、大いに真実に反する内容を含む記事が掲載された。

争点

監査水準の低さを露呈？
山一管財人に提訴された
中央監査法人の妙な自信

「法廷での争いを楽しみにしている。今は守秘義務があって具体的には言えないが、相手の主張には重大な誤りが数多くあり、その一つ一つに法廷で反論していきたい」

12月14日、山一証券の破産管財人団に、総額約六〇億円の損害賠償請求訴訟を起こされた中央監査法人。その広報担当、真砂由博代表社員は、このように語り、裁判に負けない絶対の自信を見せる。

争点は、中央監査法人が十分な監査を行っていたか否か。管財人側の主張はこうだ。山一が92年から97年にかけて行った総額約二七〇〇億円に及ぶ簿外債務の隠蔽は、その過半が国内の五つのペーパーカンパニーで行われた。このことは、特金口座の開設契約書や五〇〇通に及ぶ運用指示書、現先運用の名義人確認書などから容易に発見することができたはず。が、監査人は、それらへの注意を怠った。

　管財人は、これらの証拠を検察庁が山一から押収した数百箱に及ぶ資料の中から入手している。「ここまで内部資料を集め証拠をそろえて負けるのなら、ほかの訴訟も勝てない」（山一の『法的責任判定の最終報告書』の作成にかかわった○○○○弁護士）。

　それでも中央監査法人は「現行の監査基準及び監査慣行に照らして充分な監査を行った」と主張する。恐らく法廷では「それらの証拠は必ずしも監査対象ではなかった」と訴えるつもりだろう。同様の論理構成で監査法人が勝訴した判例がある（日本コッパース事件）。

　しかし、93年、大蔵省は「損害補填」や「飛ばし」の温床になるとして特金の含み損開示を義務づけている。特金の監査は十分に注意して行われなければならなかった。この部分の精査を行わなかったとすれば、中央監査法人が行った監査は、〝ザル〟とのそしりを免れまい。

　中央監査法人の反論が、改めて日本の監査レベルの低さを知らしめるものとならなければよいのだが……。

『平成11年12月25日　週刊東洋経済』


　そこには、「監査水準の低さを露呈？」との見出しの下で、次のとおり監査の内容を取り上げた。

〈93年、大蔵省は「損失補填」や「飛ばし」の温床になるとして特金の含み損開示を義務づけている。特金の監査は十分に注意して行われなければならなかった。この部分の精査を行わなかったとすれば、中央監査法人が行った監査は、〝ザル〟とのそしりを免れまい。中央監査法人の反論が、改めて日本の監査レベルの低さを世界に知らしめるものとならなければよいのだが………」というもの。

この記事を読んで、監査人は、わずか数行の記事の中でいくつもの間違いに気が付いた。

(2) 間違っている理由

①先ず、93年に、「特金の含み損開示を義務づけている」という規定が存在しないこと規定が存在するかどうかは、調査すれば容易に判明する。この点を調査することは、最低限果たすべき義務である。最も基本的な調査さえ行わずに間違ったこの記事は書かれた。

②「特金勘定の含み損開示」を「時価情報」の開示の中で行なうことを想定して書いたとすれば、そのことと「監査を十分に注意して行われなければならない」ことは、何等結びつきがないこと当時は、「時価情報」が監査証明の対象ではないうえ、件の特金口座の運用財産を決算日の時価によって評価すれば、信託銀行は、含み益が生じていることを山一に対して報告。記事の前提となる「含み損」が報告されず、監査の過失が存在する余地はない。

「特金勘定の含み損開示」の有無に拘わらず、監査人は特金勘定に対して、「通常実施すべき監査手続」を実施すべき義務を負うものである。仮に、記事が言うように「特金勘定の含み損を開示しなければならない」としても（そのような規定は存在しないが）、そのことは監査人が行う監査手続に特別の注意義務を付加するものではない。

③「この部分の精査を行わなかったとすれば、……監査は、〝ザル〟」との発想が間違いであること監査実施準則には、「監査は、原則として試査による」ことが定められており、監査人が精査を行わなければならない事態は、極めて限定される。特金の含み損を開示するかしないかの問題は、特金勘定を精査すべきことに結びつくものではない。なによりもこの記事は、何故、監査人が特金勘定を精査しなければならないかを明らかにしていない。

④「損失補填」、「飛ばし」の温床になるという点と「特金の含み損開示」がどのように結びつくのか明らかではなく、ここに致命的な誤認・無理解があること

記事の内容は、山一事件を全く理解しておらず、その内容の裏づけを検証する作業が省略されていると考えざるを得ない。このため、記事の内容に繋がりがない。管財人が「特金が架空であり、実在しない」と記者会見で問題にしたこと、他の報道によって、特金が問題であるという情報がインプットされ、これらの情報から生まれた先入観が事実に裏付けられているかどうかを確かめもせずに、「特金の含み損開示」に関する情報を単純に繋ぎ合わせたと考えざるを得ない。然し、これらは、何等結びつきがなく、いくら繋ぎ合わせても理論に裏付けられた結論に到達するものではない。

4　マスコミによる間違った情報への対応

⑴ 連続的な誤った内容を含む報道への対処

監査人は、山一事件に関する正確な情報を目にすることがなく、前記1から3に掲げたメディアによる誤った情報だけが氾濫し気が休まることが無かった。このような状況の中で、監査人としての職業的生命を維持するためには、間違った情報を流し続けるマスコミに対し、どれだけ耐えられるかが勝負の鍵であるとすら感じた。これは決して誇張ではない。これらの誤った報道にひるんで、一歩でも後退したり、一時的な安らぎを求めて妥協したり、戦う気力を失った場合には、直ちに、泥沼に転落してしまうような恐怖心に襲われた。何よりも、マスコミには経理不正が行われた会社の監査人を断罪することは正義だと一方的に思い込んでいる節があった。

監査人は、損失補填問題が証券会社と補填を受けた投資家との間の個別的な問題から、証券市場の透明性を巡る社会的な問題に変質した時から、会計帳簿に記録されない投資家の運用損益の状況に対し、可能な監査手続が何かを念頭において、監査計画を練って監査手続を実施したので、誤ったマスコミ報道には絶対に負けられないことを肝に銘じ、当時、監査調書全体を読み返した。実施した監査手続を示す監査調書に不足はなく、この監査調書が必ず監査人を守ってくれることを再確認した。

誤った内容の報道が続いた当時、監査人にとって気持ちの支えとなったのは、大蔵省による公認会計士法に基づく「虚偽又は不当証明」に該当する監査内容か否かの調査において、監査の実施状況全般を説明し、かつ、調査官による数多くの質問に対しても監査調書を提出して回答したが、この調査が、既に11年6月を以って無事に終えたことである。監査責任の有無に関して最も重要なハードルをクリアーした事実は、監査人に対し、マスコミによる監査人に対するバッシング報道に対しても、これを無視できる自信を与えて呉れた。

(2) 最初の監査人の勝訴判決に関する報道

最初の勝訴判決は、平成17年2月に、次いで、18年3月及び19年5月に下された。いずれの判決も、監査責任に関して、原告が引用した判定委員会の「最終報告書」の内容や管財人の監査の過失に関する主張を否定し、監査基準・監査実施準則に照らして監査人が職業的専門家として正当な注意義務を果たしたことを明らかにした。

最初の判決内容に関する報道は金融専門紙だけが取り上げ、

旧山一の粉飾賠償請求訴訟

「会計士に過失ない」

大阪地裁、個人の訴え棄却

との見出しのもとに判決内容を報道。監査責任を追及する誤った報道の華々しさに比べ、監査責任を果たしたことに関する報道がなんと穏やかなものか。監査人が当然の義務を果たしたことが法廷で認められた事実は、明らかに新聞のネタにならないことを知った。

旧山一の粉飾賠償請求訴訟
「会計士に過失ない」
大阪地裁、個人の訴え棄却

一九九七年に経営破たんした旧山一証券の粉飾決算を見抜けなかったとして、大阪府の個人株主が中央青山監査法人（当時は中央監査法人）などに対し計一億六百七十四万円の損害賠償を求めていた訴訟で、大阪地裁が個人株主の訴えを棄却していたことがわかった。

個人株主は、山一が提出した一九九四年三月期から四年間の有価証券報告書に虚偽記載があったと主張。監査法人らは虚偽記載であったにもかかわらず「適正」の監査証明を出していたとし、株下落による損害を賠償するよう求めていた。

大阪地裁は判決で、山一の有価証券報告書について重要事項に虚偽記載があったと認定。一方で監査法人は通常要求される監査手続きを実施しており、会社側が損失飛ばしに使った会社を会計士が発見することは無理で過失はなかったと結論付けた。

中央青山を訴えた山一関連の損害賠償請求訴訟は五件。このうち今回を含めた三件は訴えが棄却されており、破産管財人による訴訟では和解が成立している。裁判が継続中のものは一件となっている。

『平成17年3月10日　日経金融新聞』

その後、この判決内容は、「判例時報　1931号」に掲載され、「有価証券報告書の虚偽記載を看過した監査法人に過失がなかったとして、その損害賠償責任を否定したものであり、事例的意義を有するもの」として紹介された。さらに、18年3月の判決は、「商事法務資料版№268」において最近の判例動向として全文が掲載されることにより、ようやく山一の監査に過失が無かったことが広く伝わり始めた。

(3) それでもなお続く監査責任・山一事件に関する誤った出版・著述

企業不祥事の多発に伴い監査責任を巡る著書の出版が相次いでいるが、依然として山一の監査責任に関する誤った著述が続く。

監査人が目にしただけでも、平成18年2月に刊行された「ザ・監査法人」、同7月の「企業スキャンダルと監査法人」の両著書においても、随所に、山一の監査に過失があることが記述されており驚かされる。未だに、著者自身が、山一事件の内容や監査に過失が無いという複数の判決の存在を知らずに事実無根の内容を著述する。特に、後者は、「判定委員会」、「管財人」、「マスコミ報道」が犯した誤りを踏襲しているだけである。平成17年2月24日大阪地方裁判所では、「本件各監査証明をしたことについて過失がなく、原告に対し、本件有価証券報告書の記載が虚偽であることにより生じた損害を賠償する責任を負わない」と判示され、監査に過失が無いことがはっきりと認められているにもかかわらずである。無責任な誤った内容により監査人を貶める出版がいつまで続くのであろうか。

(4) 判決後は法律学者による判決に対する批判論文が後を絶たない

事件発生当時はマスコミによって批判され、勝訴判決後には、法律学者の判決に対する批判的な論述によって監査人は悩まされ続ける。尤も、無過失判決を肯定するのであれば、判決を批判的に著述する意味がないのかもしれない。

それらの著述は、たとえば

「公認会計士の任務懈怠とその責任」(月刊監査役No.524)

「会計監査人の民事責任」(同　No.537)

「有価証券報告書の虚偽記載と監査法人の責任」(旬刊商事法務No.1854)である。

① 最初の著述は監査責任を巡る最近のいくつかの判例を素材として「任務懈怠に対しては厳しい制裁が伴うことが、公認会計士・監査法人の規律を高く維持することが不可欠」との前提を設定し、

「裁判所が公認会計士の規律づけに対して効果的なシグナルを発したといえるか否かを考察」するという内容の著述である。

第6章に記述した判決を俎上に載せているが、任務懈怠の有無を、法的な立場から論評するものではなく、明らかに批判のための特別の方向性を予め示したうえでの著述であると思わざるを得ない。それは、山一事件の「事案」の要約の段階で「……子会社5社を使って……」などの間違った認識が記述されており、山一監査に関して的確な考察を行うために必要な調査を行っていないことが読み取れるからである。隠蔽工作に利用した会社が子会社か否かは、任務懈怠・監査責任の有無の判断に直結する重要な要素であるにも拘わらず、既にこの段階で事実誤認を犯している。

監査責任に係る判決を批判するのであれば、少なくとも正確な記述のために必要な実態調査のもとに法的根拠を明らかにして批判することが望まれる。

② 次の著述は、山一事件の二つの判決を批判する。

一つは、第6章に記述した判決である。この判決に関連して、「どのような場合に無過失が立証されたといえるか」に関し、「監査基準・監査実施準則に基づく監査を実施」することとの広義説と、これに加えて「公認会計士協会の実務指針に基づく監査が行われていなければ無過失が立証されたとまではいえない」とする狭義説を紹介する。然し、平成3年12月の監査基準の改訂後は、公認会計士協会発表の監査の実務指針が監査基準の一部を構成するとの認識が確立しており、監査責任の判断に際して広義・狭義の区分は存在しない。この点の理解・認識が明らかに間違っている。

判決に対する著述は、監査責任に関して「……ひたすら受身でただ単に『出されたものを全部でないがみたところ格別問題らしき点が発見できなければそれでよい』というわけにもいかない……」と論じたうえ、「……全体としてこの判決の会計監査人の職務と責任についての認識と判断はかなり甘すぎる……」と批判する。

然し、複数の信託銀行が作成した報告書に真実が記載されなかったという判決の最重要ポイントに対してどのように考えて、「甘すぎる」と断言したのかに関する著述がない。そのうえ、山一の監査内容が本当に「……ひたすら受身で……」の記述内容通りであったか否かの検証がない。批判の根拠は、単に、監査が「社会の期待」に副えなかった、つまり、監査に対する「期待ギャップ」に置くものであり、理論的ないしは明確な根拠に基づく論評ではない。特に、監査人に要求される監査のレベルは時の経過とともに上がっていくため、監査に過失がなかったかどうかの判断は、裁判時で求められる監査の水準を以って判断基準とするのではなく、当該監査を実施した時に求められる水準を基準として判断される。まして、論評時の水準ではない。この点を的確に認識して論評しなければ、意義のある論評といえない。

二つ目の判決は、第7章に記述した判決である。この判決に対する批判は、「14年改訂をまって初めてリスク・アプローチに相応しい監査計画を作成することになったものと解すべきではない」との認識に基づく批判を展開している。監査実施準則に定められていた「通常実施すべき監査手続」・「監査要点」に関する規定が削除され、リスク・アプローチに基づく監査が全面適用されたのは、14年改訂によってである。それまでの監査は、全面適用する状況になかったという「わが国監査制度の制度的未成熟さ」と「実施した監査手続に関する過失の有無に関する判断基準」を混同し、「過失なしとの判断に至るのは法律論として何ら説得的でないのみならず、むしろ遺憾と言うほかはない」と批判する。これは、「監査人にとって義務となる監査手続は何か」という監査責任の有無を判定するための法的根拠との対比を欠く批判である。

しかも、判決に対して「……会社が訴えを提起したものでないことも、裁判官の心証形成に一定の影響を与えた、あるいは初めに結論ありきであった……」とまで批判を重ねる。もしこの著述の趣旨が、山一が訴えたのであれば、判決の帰趨が異なり監査に過失があったとの判決に変わったと言いたいのであれば、とんでもない間違いである。監査契約に違反して監査委嘱者である監査人に甚大な被害を与えた山一が監査人を訴えることなど有り得ない。

③　判決への批判は、たとえば、医療を巡る判決を批判するケースにおいては、医療に関するある程度の専門的な知識が必要であるように、監査責任に関する判決を批判する場合にも監査理論・監査実務・監査に関する法規制に関する知識が不可欠である。そのうえに、批判の対象となる監査が実際にどのようになされたかを理解しなければならない。これらの全体を的確に把握出来なければ、理に適った批判など期待できない。

「監査役制度に関する実務情報誌」である「月刊監査役」に連続して掲載された山一監査に関する

二つの論文は、批判するために必要な調査を満たしたうえで論述された内容とは思えなかった。海外には監査責任に関する豊富な判例が存在し、監査人の免責要件が判例の積み重ねによって確立していると言われている。これらの判例を参考にしてわが国の判決を比較検討するなど、大阪地裁・大阪高裁で9名の裁判官によって下された3件の判決における法的判断を批判するのであるから、単なる監査の「あるべき論」に立脚した批判ではなく、海外の判例などに立脚する批判的意見の論述が望まれる。

「月刊　監査役」を発刊している日本監査役協会は、監査役が行う監査業務をサポートするために有効な機能を発揮していることは十分に認められる。然し、監査役にとって生きた教材とするためには、事実関係の調査が不十分なままの論述、明らかに的外れの論述を掲載すべきではない。

④　更に、山一監査の過失の有無を別の角度から批判する論文「有価証券報告書の虚偽記載と監査法人の責任」においても、誤った主張が展開された。原因は、証券会社の財務の健全性を示す指標として証券取引法に定められている「自己資本規制比率」算定要素である「リスク相当額」を理解していないことに起因すると思われる。

論文は、冒頭に「本判決の結論には疑問がある」ことを記述する。

監査の現場において、特金契約の継続を必要とする理由として「自己資本規制比率」を持ち出した山一の説明と監査人の判断（第1章4（2）④参照）に関する判決文の、

「特金勘定を他の項目に移すことで……リスク相当額の増加による自己資本規制比率の低下を招くことは経営判断として好ましくない」との判示を採り上げて次のように批判する。

「……特金を解約するとAは多額の投資損が実現してしまうという趣旨の経理部長の説明は、Aが行っていた損失隠しのスキームを端なくも明らかにしてしまったといえよう。経理部長の回答を簡単に納得してしまったのだとすれば、……Yの無過失を認めることに躊躇を覚える……」（Aは山一、Yは監査人を指す）

更に、「……前述したように事実に迫る手がかりがまったくなかったわけではない。裁判所は、Yの過失を否定するのであれば、その結論を支持するに十分な事実を認定し、それを明らかにすべきである……」と批判を加える。

経理部長の説明に関する法律学者の論調は、特金を解約すると損失が発生することを山一が監査人に対して説明したことを断定するものである。つまり、山一による隠蔽工作が存在しなかったことを示す。これは明らかに推測に過ぎず、事実無根である。もし、そう断定する事実が存在すれば、監査人には過失どころか故意が認定され、裁判所が無過失と判示することなど有り得ない。

また、判決に示された「リスク相当額」の解釈を「投資損の実現」であるとし、そのうえに自らの主張を展開するという大きな誤りを犯している。蓋し、経理部長は、国債を特金で所有する場合、特金残高が預金勘定を構成するので、国債の価格変動リスクをゼロとして「自己資本規制比率」が算定されること、このため商品有価証券勘定に計上する場合より、同比率を高く維持できること、その結果、経営の自由度がより高まることを監査人に対して特金契約を継続する理由として説明したのである。裁判所は、証券取引法の規定に照らし、この説明の論理性そのものを認めて、（特金を解約して）「自己資本規制比率の低下を招くことは経営判断として好ましくない」と判示し、監査人に対して、特金契約継続の本来の理由を隠蔽したことを認めたのである。

したがって、批判の前に証券取引法の規定に照らして「自己資本規制比率」算式の分母を構成する「リスク相当額」（市場リスク相当額、取引先リスク相当額、基礎リスク相当額）の意義、計算方法、この比率の多寡が証券会社経営に及ぼす影響などを調査すれば、判決に示された「リスク相当額」とは何かを正しく把握し、肝心の経理部長による「説明の趣旨」を誤解することが無かったと思われる。この批判論文は、「事件の本質」を見落としているばかりか、「経理部長の説明」「投資損の実現」など批判要因の形成段階で誤り、そのうえに「Yの無過失を認めることに躊躇を覚える」「本判決の結論には疑問がある」との主張を築いているのである。

山一による隠蔽工作を示す重要な証拠である「自己資本規制比率」に係る監査調書を巡って、十分な調査を行わず、専門誌「商事法務」の「商事法判例研究」ページに間違った結論により読者を惑わせる判決批判論文が掲載されることに、驚きと、憤りを禁じ得なかった。

(5) マスコミの専門分野への対応力強化の要請

「判定委員会」の間違った報告を無批判に受入れて誤りを増幅させた新聞報道、さらに、管財人による損害賠償請求訴訟の応援団と化したと見ざるを得なかった新聞報道。何故、もう少し客観的な立場からの報道が出来ないのか。監査人を擁護する必要はないが、監査責任に関し新聞社独自の調査を行わず、真偽を検証しない報道は絶対にすべきではない。さらには、経済専門誌の誤った内容の批判記事が我が物顔に横行した。何故、このような暴挙が許されたのだろうか、ジャーナリズムの本質はどこへ行ってしまったのか。

これらのマスコミ報道は、監査という専門分野に対する知識が如何に低いかを如実に示すものである。今後、監査制度・監査責任を論ずる際に、最も基本的な知識として要求される「財務諸表作成者の責任」と「監査人が負うべき責任」を明確に区別してほしい。いずれも、煎じ詰めれば「初めに監査責任ありき」という先入観に基づく結論を設定したうえで、その設定に適う内容だけを繋ぎ合わせて報道していると感じざるをえなかった。監査人に対するバッシングは、無条件に世の中に受け入れられる風潮があり、予め用意したレッテルを貼るだけの作業が続けられたと思う。信託銀行を筆頭に多くの第三者が山一の隠蔽工作に組み込まれ、虚偽の報告書、虚偽の確認書を提出し、山一は、これらを監査の資料として提出した徹底的な監査妨害の存在を全く知らず、すべてを「監査の失敗」に結び付けるという間違った結論を続けた。自らの調査能力を強化し、洞察力を高め、このような誤った内容の報道や法的根拠に基づかない批判を二度と繰り返さないことを強く要請する。

第9章　監査人の眼から見た山一事件を巡る数々の特異性

1　山一事件の不可解さを裏付けるのは類いまれな特異性である

山一は国内、海外において多額な含み損を有していたことが報道された。この含み損の存在が、監督官庁である大蔵省による検査、損失補填・飛ばし取引の摘発などを目的として発足した監視委員会による検査、さらには、監査役、監査人の監査などにおいて、何故、発見できなかったのか、多くの関係者にとって実に不可解と思われたことは容易に想像できる。しかも、この不可解な点を解明する報道が全く存在しない。事実はどうであったか。本章では、山一事件発生の背景を含む数々の事件を巡る特異性について著述する。

2　隠蔽工作の特異性

⑴　国内の含み損を隠蔽するための諸工作

隠蔽工作の概要は、「第三者を利用した隠蔽工作」（第1章3参照）、「内部における隠蔽工作」（同章4参照）及び「報道記事の内容と、裁判の結果証明された真実との相違点」（第8章1⑵参照）に記述したが、実施した監査手続との関連の下に、山一事件の特異性の観点から重ねて記述する。

隠蔽工作に関心の薄い読者は、下記3へ進まれることをお勧めする。

含み損を抱えた国内ダミー会社（以下　別会社という）は、山一の子会社に該当しないように仕組まれた資本関係のもとに設立されていたが、さらに、その存在を隠蔽するために山一が実施した工作は次のとおり。

①別会社の設立に際し、社内における所定の承認手続をとって設立せず、監査人が、別会社の設立及びその存在を知る術を奪ったこと。

②ＹＥＰが山一の関連会社に該当しないため山一監査人の監査権限が及ばないことを認識したうえで、新設した別会社をＹＥＰの子会社ないしは孫会社としたこと（しかも、別会社に対する出資額をＹＥＰは子会社株式勘定に計上することを回避した）。

③ＹＥＰの貸借対照表には、信託銀行からの多額な債券借入残高、別会社に対する債券貸付残高を計上しないこと。

④山一と別会社間の取引は、山一が別会社に対して資金を供与するために実施したと見られる現先取引が存在したようであるが、現先期間が山一の中間決算日、期末決算日を跨ぐ時には、現先取引を実施せず、別会社から山一に対する「売り切り」とし、別会社に対する継続的な資金供与の事実を隠蔽し、現先取引の監査から別会社の存在を把握される可能性を完全に遮断したこと。

⑤山一土地建物㈱の法定監査において、同社の親会社であるＹＥＰの財務内容に関する監査人の質問に対して、山一は、前記③に記載した虚偽の貸借対照表などの資料を提出して説明したこと。

さらに、特金勘定に関し、信託銀行が作成した「信託財産にかかる貸借対照表」の記載から別会社の存在を把握されないために行った隠蔽工作は次のとおり。

⑥別会社に対する債券の貸付は、信託財産の国債をＹＥＰを経由して行われていたことが明らかになったが、信託銀行は、「信託財産にかかる貸借対照表」に貸付債券残高の存在を一度も報告せず、国債の貸付取引から別会社の存在が明らかになることを完全に隠蔽したこと。

⑦信託銀行は、信託財産の一部が、国債利息を受取ることなどによって一時的に預金として繰越される時には、たとえ数百円であっても預金残高にかかる「未収利息」を計上し報告しているにも拘らず、貸付債券残高が存在すれば計上することが銀行業経理基準に定められている「未収貸付料」を「信託財産にかかる貸借対照表」に計上しなかったこと。

⑧信託銀行は、貸付債券にかかる返還請求権を有するに過ぎないにも拘らず、19年3月31日の「信託財産にかかる貸借対照表」には、信託財産として国債１９５０億円を所有し、内訳明細表では、国債の銘柄別内訳及び時価評価額を報告し、含み益16億円が生じていることを報告したこと。

⑥から⑧の隠蔽工作は、特金契約にかかる決算日（3月10日）の貸借対照表とは別に、山一が適正な決算を実施するために作成した3月31日現在の「信託財産にかかる貸借対照表」においても、信託銀行は、貸付債券残高の存在を報告せず、国債の現物を所有していることを報告し続けた。これらの事実は、隠蔽工作が明らかに信託銀行を巻き込んで行われ、実に周到な監査妨害行為が行わ

れたことを示す。

⑨さらに、4年9月中間期において、特金口座の設定にかかる「稟議書」に、虚偽の設定目的を記載して監査人へ提出したうえ、信託銀行と取り交わした契約書には、国債の貸付運用に関する記載を除外し、別途、「覚書」を作成し、監査人に対して、この「覚書」の存在を隠蔽し、契約書のみを監査資料として監査人へ提出したこと。

監査人が監査調書として保管した「稟議書」のコピーには、担当役員が特金口座の設定に対して賛成意見を記載し、社長の決裁がなされたことが明示されている。明らかに監査手続を想定した稟議書を作成したこと。

⑩6年3月期には、特金勘定に発生した多額な含み損を捉えて、何故特金契約を継続しているのかを質問したが、山一は、「自己資本規制比率」を少しでも高く維持することが会社の経営方針であり、このために多額な特金を保有し続けている旨回答したこと。そして、特金で運用している株式・債券などの資産を商品有価証券勘定で保有した場合、「自己資本規制比率」が「326・4%から261・7%に低下」することを示す計算書を監査人へ提示し、同比率を低下させることは所有株式・債券を増加させることによる積極的な営業活動にブレーキをかけるので、高い比率を維持するために特金契約を継続することが必要であると説明したこと。

以上のように山一は、別会社の存在を徹底して隠蔽するための工作を実行した。

それにしても、監査権限の及ばない会社の利用、複数の信託銀行、大口顧客など第三者を巻き込んで含み損を隠すことを想定した監査計画を策定して対応することは、監査人にとって不可能である。信託財産にかかる虚偽の報告書、大口顧客による虚偽の確認書という第三者の協力の下に事実が隠蔽される可能性を想定して監査しなければ、監査責任を果たせないとすれば、それは、明らかに財務諸表監査制度の枠を超える要請である。

(2) 海外の含み損を隠蔽するための諸工作

山一の「調査報告書」には、海外の含み損の発生原因として次の4項目を挙げる。「顧客の損失補填」、「債券本部ディーリングによる含み損」、「海外現法で生じた損失」、「山一の益出し」である。因みに、山一の益出しによる金額は、22億円（8年9月中間期）と報告。「顧客の損失補填」及び「海外現法で生じた損失」は、国内の含み損の発生原因と軌を一にするようである。債券本部で発生した為替取引の失敗による損失は、明らかに投機取引であり、債券本部の独走によるルール違反に起因する損失と報告されている。

これらの損失を仕組債に転嫁したが、この仕組債を所有していた「特定の外国銀行」は、山一の破綻後に所有債券（実は、償還期日が到来しても額面金額が償還されない仕組債）に多額の含み損が存在することを知ったと思われる。

それを可能にした隠蔽工作は、以下のとおりである。

〈その1〉ペーパー会社の設立・管理及び隠蔽工作の道具として使われた仕組債

①ペーパー会社の設立・管理を「国際的なアカウンティングファーム」へ依頼

山一は、前記の損失を海外に設立したペーパー会社（以下　P社という）及び 仕組債を使って、実に巧妙に隠蔽した。その手口は、P社において、4項目に起因する含み損を実現損失として計上させ、他方、仕組債を使って売買益や利息収入を計上しこの実現損失と相殺することにより、損失を仕組債の取引価額に転嫁させるものであった。

このため山一は、予め、「国際的なアカウンティングファーム」に、会計帳簿や監査に関する法規制の無い国はどこかの調査を依頼し、設立後は、P社の管理一切をこのアカウンティングファームへ依頼し、山一の監査人に対しては、P社の存在を隠蔽した。

②隠蔽の道具とした仕組債の内容

山一は、仕組債の発行体として、多くの公募債を発行している海外の格付け最上位の発行機関を選定し、これらの発行体が発行した複数のパターンの仕組債を使っていたことが明らかになった。

一例を挙げれば、債券の発行価格は額面の70%、債券の所有者に対しては市場金利による債券利息を額面金額を基準にして支払うが、償還期日の償還額は、額面の60%という条件の仕組債の利用。

P社は、この債券を発行価格（額面の70%）により購入し、山一の海外子会社へ額面金額で売却して額面の30％相当の利益を計上。海外子会社は、購入した債券を第三者へ買戻し条件付で売却するが、第三者である債券購入者及び海外子会社の担当者は、仕組債であることを知らなかった可能性が強い。格付け最上位の発行体が発行し、利率は市場金利相当であり、利息は額面に対して支払われるので、購入した債券の性質を疑うべき余地が無い。このため、債券市場では、同一の発行体による公募債券との区別が難しく、額面金額が償還されることを前提に債券の取引価格が決められても不思議ではない。

③ 仕組債の所有者

山一が破綻した時に、この仕組債の大部分を「特定の外国銀行」が所有し、一部を「日系企業の金融子会社」、残りのごく一部を山一のグループ会社が所有するという状況であった。

因みに、金融情報提供会社である「ブルンバーグ社」の債券の流通に関する情報によれば、この仕組債を発行したカナダのA発行体が発行した公募債券の登録本数が、３７４本で、スエーデンのB発行体の登録本数は、３０６本である。A・B両社が発行した債券は、合計６８０本に達し、債券市場で日常的に取引されている。この両社が、山一に対して私募債である仕組債各1本を発行した。このような状況の下では、仕組債の所有者は、山一から説明が無い限り（隠蔽目的のために発行した仕組債について、取引の相手先に対して事実を説明することなど有り得ないが）、自ら所有する債券が公募債券であることを疑う余地が無い。

④「特定の外国銀行」から仕組債を買戻すための取締役会決議

山一は、９年11月24日開催の取締役会で営業を休止することを決議し、同時に、海外子会社であるＹＡＬに対する債務の保証も決議した。この決議は、ＹＡＬが「特定の外国銀行」から破綻後に仕組債を買戻す資金を山一が供与して、仕組債を所有していた「特定の外国銀行」との取引を円滑に終結させることを目的とする。然し、「日系企業の金融子会社」が所有していた仕組債の買戻しについては、同様の措置をとらなかった。この金融子会社は、所有する債券が仕組債であることを債券の償還期日が到来するまで知らなかったため、期日到来後に額面金額の返還を巡って法廷で争った。この事実を以ってしても、仕組債を利用した隠蔽工作は、巧妙を極めていた。

〈その２〉仕組債の含み損及びＰ社の存在を隠蔽するための工作

監査人は、山一が極秘裡に設立したＰ社の存在を知る術が無かったが、破綻後の調査によって、Ｐ社に関する隠蔽工作の一端を把握した。

その主なものは次のとおり。

①山一の海外子会社（ペーパー会社ではない）は、いずれも現地の会計士による監査を受けていた。破綻後の調査で、この現地の会計士が、海外子会社が多額な債券の売買取引を実施したことに対し、取引の相手先がどのような内容の会社であるかについて質問した事実を把握した。

この取引は、問題の仕組債の売買取引であり、海外子会社がＰ社から仕組債を購入した取引であった。現地の会計士の質問に対し、山一は、Ｐ社の設立からその管理業務を委託した件の「国際的なアカウンティングファーム」に対して、現地の会計士に回答するための「確認書」の発行を要請した。この要請を受けて「アカウンティングファーム」に所属するわが国の公認会計士は、現地の会計士に対して、質問の顧客は「同ファーム」にとって「現在に至るまで良好なクライアントであることを証明する」ことを記載した「確認書」を提出した事実が明らかになった。P社の設立から関与していながら、この「アカウンティングファーム」は、質問の会社が、いかにも正常な会社であるかのように回答したことが「確認書」により明らかになった。

②他方、「同ファーム」は、P社に関する業務を受託するに際し、最初に設立した2社を除き、次々にP社の設立・管理を依頼されたため、3社目から山一に対して、「(ペーパー)会社の運営に関して生じる責任は当社(山一)にある」ことを記した文書の差入れを要請し、山一は、これに応じたことが刑事裁判記録により明らかにされている。しかも、山一がP社を設立する都度、「同ファーム」へ提出した3社目以降の念書のコピーが刑事事件の証拠として提出されている〔第1章3(3)参照〕。山一は、国外の含み損について、「国際的なアカウンティングファーム」を利用しつつ、P社の存在を、経営トップの方針の下に徹底的に隠蔽した。正に、第三者を取り込んで行った会社ぐるみの監査妨害行為である。

③さらに、破綻時に「特定の外国銀行」が含み損を抱えた仕組債を所有していたが、海外子会社であるYALは、この「特定の外国銀行」との間で、仕組債を買戻す契約を締結していた事実も明らかになった。然し、この買戻し契約の存在が全く隠蔽され、YALから山一に対する連結財務諸

表作成のための報告資料のみならず、ＹＡＬの個別の財務諸表の注記欄のいずれにも、買戻し取引が存在する情報を記載しなかった。このように山一は、「特定の外国銀行」が所有していた仕組債の買戻し契約の存在を隠蔽することにより、買戻しを要する取引の存在及び買戻すべき仕組債に含み損が存在することを完全に隠蔽した。

前記①～③の隠蔽工作により、山一は、格付け最上位の機関が発行する債券（仕組債）に含み損を紛れ込ませ、かつ、当該債券を「特定の外国銀行」に所有させることによって、損失が山一に帰属することを隠蔽した。山一は、海外の含み損についても、財務諸表監査制度における監査手続によって見破ることが殆んど不可能といえるほど完璧に隠蔽したのである。

⑶　隠蔽工作の特異性を支えた要因

山一が行った隠蔽の手法を一口で表現すれば、偽りの理由を付して監査を回避するのではなく、事実を示さない資料を提出して、監査結果をいかにして誤導するかの観点から隠蔽工作を行なっていたことに尽きる。

監査人は、実施した監査手続の見直しにより、監査調書の中から山一による虚偽の説明資料を容易に抽出できたので、監査人が義務として行うべき監査要点の検証に欠けるところが無いことを確信した。蓋し、監査人に対して監査資料として提出した資料を総点検したが、その結果、破綻後に明らかになった事実に照らせば、真実を報告していない報告書、虚偽の説明書、虚偽の回答書などが、監査調書として多数存在することが明白となった。これらの事実は、必要な監査手続を実施しなかったのではなく、監査手続を実施したにも拘らず、山一自身が作成した資料のほか、第三者が作成した「報告書」、「確認書」を利用して、監査人を騙し続けたことを裏付ける。これらの資料は、山一が如何に監査手続を想定して、先回りして、含み損の存在を把握されないように準備・対応したかを示すものである。

このような虚偽の資料が監査調書として存在したので、監査人は、法廷における監査責任の審理、監督官庁による「虚偽または不当な監査証明の有無の調査」、会計士協会による「紀律規則違反の有無の調査」など、監査人として果たすべき義務を果たしたか否かに関する多くの調査に対して、監査調書を提出して実施した監査の実態を十分に説明出来た。

山一事件の特異性の一つとして、監査結果を誤導することを目的として第三者を巻き込んだ未曾有のスケールによる徹底した隠蔽工作が行われたことが挙げられる。

3　証券行政の機能不全が示す山一事件の特異性

(1) 証券行政の破綻

山一の破綻が明らかになった直後の平成10年1月28日、大蔵省金融・証券検査官などによる汚職事件が明るみにでて大蔵大臣が引責辞任した。金融・証券検査の現場で大蔵省の威光を傘に検査官の構造的な「たかり」、「癒着」の存在が汚職の内容として明らかにされた。当事者以外に知ることの出来ないいい加減な検査の実態、検査が社会の期待を裏切り全く機能しなかったことなどが白日の下に晒された。当時、業界では法律に根拠のない裁量行政がまかり通る状況下で、証券会社の経営に係る重要な問題は事前に監督官庁である大蔵省の了解を得るという事前調整方式が執られていた。この方式の下で築かれた行政と業界の持ちつ持たれつの体制が、行政の裁量幅を必要以上に拡大させ、いつの間にか、大蔵省が監督官庁として本来果たすべき機能を喪失してしまったのである。

同年4月27日、後任の大臣は、接待汚職事件で4人の大蔵省職員の逮捕者を出したのを受けて、国家公務員法に基づく処分32名、内規に基づく処分80名、合計112名という前代未聞の大量処分を発表（平成10年4月28日　日本経済新聞　朝刊）。正に組織ぐるみの怠慢行政が横行していた事実を明らかにした。省内の組織も「証券局」及び「銀行局」を廃止し、「金融企画局」と改組して再スタートした。

(2)　証券局長の国会発言に対する疑問

① その後、山一に対する監督責任を果したかどうかを巡る議論が国会で取り上げられたが、国会における質疑に先立って証券局長は新聞社の取材に応じ、山一の飛ばしに関し、「飛ばしている間は会社に痕跡が残らず、当事者が自白しないと分からない」と述べたことが報道された（平成10年1月30日　日本経済新聞　朝刊）。

同局長に対する国会における質疑は、この取材後の平成10年2月から4月にかけて衆参両院の委員会において4度に亘り実施された。その中心は、山一に対する監督責任に関するものであったが、最大の関心事は、証券局長が山一前社長（面談時は副社長）と面談した経緯・時期・回数・面談内容、特定の顧客の飛ばし取引について証券局長としてどのように対応したかなどであった。

②10年2月4日衆院大蔵委員会に参考人として招致された同局長は、「山一から飛ばし取引に絡む相談があった記憶はある」、飛ばしの「仲介先として……国内企業に限るということはないというのは、話の過程であったかもしれない」（平成10年2月4日　日本経済新聞　夕刊）という重大な事実を認めた。

新聞社の取材では「自白しないと分からない」と言いながら、実際には、自らトラブルに関する情報を得ており、海外に飛ばすことを示唆していたことが明らかになった。

③同年3月18日衆院予算委員会で証人として出席し、「飛ばしは決して好ましい取引ではないが違法と決めつけられない。法律の枠内で証券会社が処理するのはやむを得ないと判断した」と証言した。しかも、証券局長交代時には、「個別のトラブルの問題で局長として引き継ぐことはしていない」（平成10年3月19日　日本経済新聞　朝刊）と自ら認識していた飛ばしの情報を放置したことも証言した。

もとより、証券局は、有価証券の発行・流通市場の健全な機能を確保し、以って、わが国経済の円滑な発展を堅持するために設けられた組織である。この組織の最高責任者である証券局長は、財務情報の適正な開示を通して投資家を保護する使命を担う。したがって、証券会社の経営を監督する証券行政の最高責任者が飛ばしの存在を認識すれば、それをやめさせて健全な経営に戻ることを指導するのが当然の行為と思われる。然し、そのような指導・監督権を行使せず、逆に、この証券局長は隠すことを示唆したのである。

もし、その情報をその後の証券局検査官・監視委員会の検査においてフォローアップすれば、問題の先送りを阻止できた筈である。検査官や後任局長へ引継ぎさえしないことは、まともな公務員の感覚とは思えない。証取法を改正してまで損失補填取引を禁じた法の趣旨が蹂躙されたのである。その原因は、年間百万円を超える接待を数年間受けたのではと国会で質された時に、「否定するつもりはない。癒着、あるいは公正さをゆがめる可能性があり、反省する点が多い」（平成10年3月19日産経新聞　朝刊）と陳謝したことと無関係ではないと思われる。公務員の倫理観の欠如がすべてを破壊してしまったとの感が否めない。同時に、わが国の証券市場に対する監督が、正に、腐りきっていたことが裏付けられたのである。

④衆院予算委員会は、同年4月に発表された山一の社内調査報告書を受け、山一前社長の証人喚問を5月12日に行った。前社長の証言は、それまでの証券局長の発言と多くの点で対立した。特に奇異に感じたのは、証券局長との面談のきっかけが「証券局長が呼んでいる」（平成10年5月13日毎日新聞　朝刊）との連絡を社内の大蔵省担当部署から受けたので面談したと証言した点である。

この証言が正しいとすれば、証券局長が山一から相談を受けたのではない。証券局長自ら、山一の責任者を呼び出したのである。「個別のトラブル問題で局長として引き継ぐことはしていない」と回答していながら、何故、個別企業の問題に証券局長自ら首を突っ込んだのか。しかも、山一に対して飛ばしを正させるためではなく、逆に、海外にもって行くことを示唆するために呼び出したと思える。

この一連の行動は、証券局長として在任中にトラブルを表面化させずに先送りしたかったのか、個別企業サイドからなんらかの働きかけがあったのか、国会で正すべき問題の本質がここにあったように思える。然し、国会ではこの点に関連する質問がなされたが、残念ながら究明するまでには至らなかった。

⑤なお、同年4月3日参院予算委員会に参考人として出席した証券局長は、山一の破綻責任に関する質問に対し、「6年間も公認会計士が見抜けなかった」（平成10年4月4日　読売新聞　朝刊）ことを指摘し、監査人への責任転嫁を図った。監督官庁の責任者として、自らの不手際が明らかにされ、これを否定できないと見るや、今度は、監査人に矛先を向けたのである。

然し、証券局長がこのように国会で指摘した後に行われた大蔵省金融企画局による監査責任の有無に関する調査では、監査人が実施した監査手続に関し、十分な監査を実施していたので監査責任を問うべき内容でないことが結論付けられた（第2章1(2)参照）。

監査を受けている会社に不正経理が存在すれば、監査人に責任をかぶせることが当然と考えられ易いが、不正経理の存在と監査責任の有無は明確に区別されなければならない。

(3) 大蔵省・監視委員会による検査の状況

① 損失補填取引に関する報道と損失補填取引の監査に対する当時の認識を示す資料は次のとおりである。

先ず、平成3年7月29日、証券業界のみならず誰もがアッと驚く情報が日本経済新聞の一面にデカデカと報道された。そこには大手4社による損失補填先の「顧客名」、「金額」、「4社合計の補填額1664億円」が具体的に報じられた。株価が下落し、多くの投資家が損失を強いられる中で特定の顧客だけが優遇されていた事実を示すこの報道は、一般投資家との公平を欠き、証券市場に対する信頼を損なう行為であるとの世論を醸成し、損失補填を行った証券会社に対する社会の批判が一気に高まった。大蔵省は、損失を補填した証券会社のみならず、損失補填により利益の供与を受けたことが報道された公開会社（有価証券報告書提出会社）に対して、どの項目に、いくら含まれているかを明らかにする「訂正有価証券報告書」の提出を求め、各社は、すったもんだの末にその内容を開示した。

このような騒ぎの中で会計士協会会長は、3年8月自由民主党政務調査会法務部の小委員会において、「損失補填取引と監査」に関し以下の意見を開陳した。

・訂正有価証券報告書の提出は、明瞭表示の観点から行われたもので、訂正有価証券報告書を提出したことを公認会計士の監査上の問題として認識していないこと
・損失補填行為の適法性に対する監査は、監査役監査の問題であること
この会長見解は、証券会社による損失補填取引が会計監査の問題ではなく、経営判断にかかる問題であり、監査役監査の範疇の問題であることを示す。この内容は、会員である公認会計士全員に対して直ちに伝達された（平成３年８月９日　会員報№１０４）。

② 大蔵省による検査の結果、山一に関して公表された内容は次のとおり。
３年12月26日、「大手四社に係る特別検査結果」を発表したが、この報告書には、山一の多数の取引先から報告を求めて検査したが、既に発表した取引以外に違法な損失保証、利回り保証取引が存在しないことを報告した。

然し、証券局長が自ら国会で明らかにしたとおり、「特別検査結果」発表の翌月、山一副社長と未解決取引に関し、証券局長が「飛ばしの相手方として海外の企業や投資家が考えられるという趣旨の話をした」のである。驚くべきことである。表向きでは「特別検査結果」を公表しながら、裏ではトラブルを表面化させないように押さえ込んでいたのである。
③ さらに、強制的な犯則事件調査権を付与されて発足した監視委員会は、山一に対する検査を再三に亘り実施し、特に５年10月には９か月間に及ぶ異例の長期検査を行った。然し、同委員会は、

検査の都度、問題が無いことを発表した。検査がまるで機能しなかったのである。

以上のとおり、証券市場の健全な維持・発展を担い、かつ、証券会社の健全な経営に対して監督責任を負う大蔵省の監督・検査機能が欠落し、就中、直接的な監督の最高責任者である証券局長の山一に対する奇怪な言動の存在が国会で明らかにされるなど、山一事件は、省益確保・自己保身優先の公務員による倫理の欠落、想定の範囲を遥かに超える職務怠慢、行政の腐敗の下で起こった特異な事件ということが出来る。つまり、証券行政の不手際・機能不全の下で発生した事件である。大蔵省による監督機能が正常に作動すれば、この発生を未然に防止できる機会が存在した事件といえる。

4　監査責任を巡る判断の特異性

(1)　会計士協会理事会が監査責任に関する判断を誤ったこと

協会会員が行った監査に関して、会計士協会が定めた「規律規則」違反の有無に関する調査は、「綱紀委員会」が担当する。山一の監査内容に対しても「綱紀委員会」による調査が行われた（第2章1(3)参照）。然し、「綱紀委員会」による調査の結論を協会理事会が受け入れなかった。このようなケースは、山一の監査が初めてのこと。

理事会開催日の17年9月14日時点では、大蔵省による公認会計士法に基づく監査内容に関する調査が終了し、監査責任を問題視すべき内容の監査でないことが明らかであり、さらに、大阪地裁では監査に過失が無いとの判決が確定していたのである。このように監査責任に係る第三者の評価が定まっていたにも拘らず、どのような理由によって理事会は「綱紀委員会」の調査結果を受理しなかったのであろうか。監査人は、その理由を協会へ問い合わせたが回答が得られず、理由が明らかにされないまま、改めて協会の外部組織である「綱紀審査会」による審査を受けることになった。

それにしても、数年を費やして調査した「綱紀委員会」の結論を、協会理事会の多数決によって受理せず、その理由を明らかにしないまま「綱紀審査会」に差し戻した協会運営の不透明さ及び監査責任に関する理事会の考え方に対して、監査人は、強い不満を抱いた。少なくとも、当事者である監査人に対して説明責任を果たして欲しかった。

「綱紀審査会」による再調査の結論が「綱紀委員会」の紀律規則に違反する事実が存在しないという結論と変わらなかったことは、理事会、正確には「綱紀委員会」の結論を受理しないことに賛成した理事の監査責任に関する判断が間違ったことを意味する。会計士協会がこのような重要な問題に対する判断ミスを犯すことなど、これまでの協会運営では考えられなかったことである。社会の監査に対する批判に対し、協会として主張すべき筋を見失って協会幹部が必要以上に神経質になり過ぎていないか危惧される。

(2)　協会の判断誤りが「監査の限界」を社会にアピールする機会を逸したこと

複数の信託銀行が2000億円の国債残高に対して、現物を保有していないにも拘らず、保有することを示す報告書を作成し、監査資料として監査人に提出されていた事実を社会に対してアピールすることは、協会として監査委嘱者のトップ自らが第三者を利用して行う不正に対し、監査に限界があることを説明する格好の機会であった。しかも、この事実は、協会へ提出済みの判決文にも信託銀行名を記述して具体的に判示されていた。

然し、理事会は監査責任の追及に走り、監査人が置かれていた監査環境、実施した監査の内容を認識しようとしなかった。監査責任のあり方に対し厳しく対応することにより会計士業界の信頼を守ろうとする本末転倒の姿勢だけが強すぎたためか、判断を誤ったのである。

昨今、循環取引（実態のない架空取引）を第三者と結託して行う取引偽装の横行などが繰り返し報道されている監査環境の下で、監査責任を厳しく追及することだけで監査の信頼を回復することは殆んど不可能である。協会会員が不当な取り扱いを受けることから擁護することは協会の重大な責務であるが、この点に関する配慮を喪失したばかりか、完全に判断を誤ったのである。

(3)　理事会による不受理情報が株主訴訟の原告側弁護士に伝わっていたこと

協会理事会が「綱紀委員会」の結論を受理しなかったこと自体が監査人にとって驚きであったが、理事会におけるこの不受理情報が、当時、大阪地裁で訴訟中の原告側弁護士に伝わっていたことには、更に、驚かされた。不受理決議についてまだ協会から監査人に対して知らされていないのに、何故、訴訟の相手側の弁護士が知っているのか。理事会の決議内容がどのような経緯のもとにこの弁護士に齎されたのか定かではないが、訴訟の進展如何によっては協会が訴訟に巻き込まれる恐れがあり、協会理事会の判断の信頼性ばかりか、情報管理の適正性に対しても不審を否めない。

この件は、大阪地裁における監査人に対する証人尋問の場で、原告側弁護士による、突然の、不受理に関連する質問としてなされた。公開されていない情報が、なぜ会員である監査人ではなく、その相手の原告側に漏れたのか。会計士業界の危機は、協会内部から正さなければならないという思いであった。

このように、監査人の目から見れば、山一事件は監査の専門家集団の中心であるべき「協会理事会」が監査責任に関する判断を誤ったという特異な事件としても位置付けられる。

第10章　監査制度の健全な発展のための施策

監査責任を巡る問題の根源には、監査に対する「期待ギャップ」の問題が横たわる。山一事件を巡って、監査人は多くの場面でこの問題への対応を迫られたので、最後にこの視点から記述する。

1　監査責任に対する検事の認識・裁判官の判断

(1) 検事の認識

監査を委嘱した会社が、生殺与奪の権を握る監督官庁である大蔵省まで騙して隠蔽を続け、組織的な監査妨害を行った場合、監査人は、監査実施準則が定めた「通常実施すべき監査手続」を実施することで隠蔽工作を見破ることができるであろうか。

破綻報道から間もない10年3月中旬、監査人は、山一役員の刑事事件を担当する東京地検特捜部から、山一監査の内容に関して話を聞きたい旨の連絡を受けた。監査人は、学生時代に当時の東京地検特捜部長（故　河井信太郎検事）が担当した「特殊講義」の口座を受講した。この口座は、特捜部長自らの著書「会計上の粉飾と法律上の責任」を教材とするものであったこと、毎週土曜日に1年間受講したこと、たまたま、東京オリンピック開会式の10月10日が土曜日でこの日の講義は、先生が開会式出席のため休講となったこと、1年間の最後の講義が終わった時に「俺の手を煩わせるような会計士になるな」と言われたこと、などを想い浮かべながら検察庁へ出庁し特捜部検事に対面した。

検事は、2時間を超えて、山一の監査を如何に実施したかを中心に、山一事件の核心部分に対する監査手続について質問を連発した。監査人は、精一杯監査を実施したので、聞かれたことに対してありのまま回答すれば良かった。これを聞かれたらどうしようかと迷う問題は何一つ無かった。ただ、この時点では、事件発覚後間もないため、山一が行った隠蔽工作の具体的な手法を調査中であり、その全貌を十分に把握出来なかったので、守勢に回らざるを得ない状況の下で面会したように思う。

質問の途中で、監査人は、検事の手許に、破綻直後に監視委員会が領置した山一の監査調書が開かれていることに気付いた。その調書は（総括調書と称しているが）、年間の監査計画書、監査実績表、監査の結果把握した問題点を集約した調書、監査意見を形成するための審議調書、年間を通して山一との間で行った打合せ調書などがファイルされ、その事業年度の監査全体を鳥瞰出来るファイルであった。監査人は、検事がこの監査調書を見ていることを知って、監査の内容を一から説明する必要もなく、実施した監査手続に関する説明が容易になると思いホッとした。

監査手続に関する質問に対してすべて即答したが、検事は、追いかけるように、「監査は、会社が隠そうとする問題を見つけることが使命ではないのか」と言い寄る場面もあった。監査人は、瞬間的に、この認識が世間一般の監査に対する見方であろうと思った。同時に、今後追及される公認会計士法に基づく不当な監査証明の有無に関する調査、監査責任を巡る法廷闘争などにおける至難性を直感し、監査が有する固有の限界、監査人は結果責任を負うものでないことなど、監査人の立場を守るための監査理論を法律家に的確に認識してもらうために如何に注力しなければならないか、その重要性・必要性を強く意識した。

検事は、最後に、取り調べを受けた山一役員が異口同音に、山一が隠した内容を監査人は知らなかったと供述していることを知らせて呉れた。帰り際、必要があれば改めて連絡すると言ったが、以後、検事からの連絡が無く、この一回で面談を終えた。

(2) 裁判官の判断

さて、会社が組織ぐるみの隠蔽工作を実施した場合の監査責任に関する裁判官の最初の判決は、この呼出しから7年を経過した17年2月に、大阪地裁において下された。判決内容は、「隠そうとする問題を見つけるのが監査の使命」という検事の偏った見解を否定。つまり、「そもそも、監査は、不正の発見・摘発を直接の目的とするものではなく」

と監査の目的に触れたうえ、

「監査人としては、常に不正があるものとして監査に当たることまでは求められていない以上、被監査会社の担当者が、上記の前提に反して、真の資料を提供しなかったり、虚偽の資料を提供したり、第三者と通じて内容虚偽の説明をしたりした場合に、当然にその確認をすべきであるということはできないし、また、その真偽を確認する手段も与えられていない」

ことを判示し、経営者による組織的な不正行為に対する監査の限界を認め、山一による隠蔽工作の中で、監査人として実施すべき監査手続を実施したかどうかという監査理論・監査責任に関する法的根拠に立脚し、

「監査人として通常要求される程度の注意義務（職業的監査人としての正当な注意を払う義務）を尽くして監査に当たったにもかかわらず、当該虚偽記載があることを発見するに至らなかった場合には、当該有価証券報告書について記載が虚偽であるものを虚偽でないものとして証明したことについて、当該監査法人に過失があるということはできず、」

としたうえ、

「本件各監査証明をしたことについて過失がなく、原告に対し、本件各有価証券報告書の記載が虚偽であることにより生じた損害を賠償する責任を負わない」

との判決を下した（第6章参照）。

監査責任に関する検事の認識では、会社の存亡を揺るがせるような虚偽記載を発見できなかった

ことは、監査人が期待を裏切ったものとなる。然し、期待を裏切ったことと監査責任の有無とは異なることをこの判決が示す。裏切ったことがイコール監査責任に直結するという検事の認識とは異なり、裁判官は、違法行為の有無を裁く者に求められる判断の公平さを、監査責任の判定に際しても当て嵌めて判決を下したのである。

2 「期待ギャップ」に対する監査人の認識

監査人が監査対象会社の不正経理をすべて発見できれば、「期待ギャップ」問題は生ずる余地がない。然し、監査の歴史を如何に積み重ねても不正経理を発見できないケースは依然として存在し、不正発見機能に関する「期待ギャップ」を解消できないのが現実である。

解消できない原因は、不正発見機能に関し、監査人が実践可能な監査環境を前提に考える監査像と社会が期待する監査像にズレがあることが挙げられる。監査人が考える監査像は、端的に表現すれば、監査は万能ではない、監査には避けることの出来ない限界があるという認識に立脚する。この観点からは、不正の発見を出来なかったことが直ちに社会の期待を裏切った監査に該当するものではなく、社会の期待を裏切ったか否かは、監査人に求められる水準の監査を実施したか否かによって決められると考える。決して、不正経理を発見できなかったことが、イコール監査の失敗であると考えるものではない。この点は、山一の監査人のみならず、監査人共通の認識である。

「期待ギャップ」の問題を株主などの利害関係者が被った損害という側面から見れば、もし、監査に過失があれば、監査人は、損害賠償請求額を負担することになるので、「期待ギャップ」の一部は解消されることになる。山一事件において監査人が得た勝訴判決は、監査に過失がないことを認めたものであり、監査人の考える監査像が全面的に支持されたことを意味する。その結果、株主にとって「期待ギャップ」問題は、全く解消されなかった。

今後も不正経理を発見できないケースにおいて監査人が勝訴判決を獲得すれば、株主にとって「期待ギャップ」問題は、解消されずに残る。この解消を監査人に対してのみ求めることは、監査制度を健全に維持するために障害となる恐れが生じ、問題の根本的な解決にはならない。

3　山一事件前後の「期待ギャップ」を狭めるための施策

(1)　虚偽記載を発見するための機能の向上策

①　「期待ギャップ」を埋めるための制度的な措置として、先ず監査人に対して、不正経理に起因する虚偽記載を発見する機能の向上を図るための数多くの改正が実施された。

たとえば、

・不正・誤謬及び違法行為の監査に対する強化策の適用
・リスク・アプローチ中心の監査に移行するための「監査の基準」の改訂

・監査要員の大幅な増員を目指すことなどを織り込んだ公認会計士法の改正などである。
監査人は、上述の検察庁へ出庁した際、対面した検事から
「どのような監査体制をとれば、今回のような問題を把握できると思うか」
との質問を受けた。この質問に対して、監査人は、監査要員の不足の下で監査を行わざるを得ない環境に置かれていたので、即座に、監査時間を大幅に増やすことが第一の解決策と回答した。監査要員を大幅に増員するための制度改正は賛成である。何よりも監査業務に対する社会的要請が拡大し続けている状況の下で、戦闘要員の不足を解消することは先決問題である。量が確保できれば、いずれは、質の向上につながることを確信する。

(2) その他の実行された施策

① 社会が期待する監査像を実現させるための施策の一環として、「継続企業に関する情報の開示」を経営者に義務づけた。この開示内容の改正は、突然、経営の破綻情報が提供される事態を回避するため、企業経営の継続性に関する情報開示を義務づけるもの。監査人は、情報の適切な開示が行われているか否かを監査し、かつ、開示内容の存在を監査報告書に記載することが義務づけられた。
② 最も大きな前進は、会社法の改正による取締役・監査役に対する規制の強化である。これまでの不正経理は、経営者自ら陣頭指揮を執って行われたことが多いという実績に鑑み、会社法におい

ては、法令等遵守（コンプライアンス）と損失発生の危機に関する管理（リスク管理）を強化し、そのためのシステムを社内に構築し、かつ、システムの適正な運用を義務づけた。同時に、代表取締役の業務の執行を毎日モニタリングできる立場にある監査役に対し、コンプライアンスとリスク管理のためのシステムが相当か否かを監査し、相当性に問題があれば、監査報告書にその旨記載することを義務づけた。

株主総会において選任され、わが国固有の制度といわれている監査役がこの追加された責務を十分に遂行できるかどうかは、正に、経営の執行に対する監視機能としての存在価値が試される。監査役がこの機能を期待どおりに遂行出来れば、不正経理をその端緒の段階で排除できる可能性が高いので、不正経理の撲滅に役立つことが明白である。

③金融商品取引法は、新たに経営者に対し、有価証券報告書の記載内容に係る「確認書」及び財務報告にかかる内部統制の評価を示す「内部統制報告書」の提出を義務づけ、そのうえ、「内部統制報告書」に対して公認会計士・監査法人による監査を導入した。山一事件を経験して、不正経理の撲滅のためには、何よりも経営者の不正経理に対する抑止効果を齎す何らかの制度の導入を要することを痛感したが、前記②の監査役に対する追加業務の義務化と同様に、「内部統制報告書」の作成・開示とその内容に対する監査の導入は、この目的に副うものである。

④会社法・金融商品取引法の内部統制システムの監査を巡る改正は、これまで以上に会計監査人と監査役による監査の共同化・一体化を促進させる方向に進む。会計監査人の監査内容をチェック

しつつ、決算内容に関する監査意見を会計監査人の監査結果に依存する立場に置かれている監査役は、会計監査人に対して監査に必要と思われる情報を積極的に提供することは、極めて重要なことである。両者の協力体制を確立することは監査に対する「期待ギャップ」を狭めるための早道である。

(3)「期待ギャップ」の排除には、隠蔽工作の協力者に対する制裁を課すること

隠蔽工作を画策した山一が責められるべきことは当然であるが、監査人は、山一事件の隠蔽工作を調査した結果、大勢の外部の第三者が、隠蔽工作の一端を担っているという異常な事態を目の当たりにして驚かされた。同時に、刑事裁判記録の調査を通して、第三者の協力が無ければ、山一が隠蔽工作を続けることが出来なかったとの感を強くした。もし、外部の第三者による積極的・消極的協力が無く、監査人が監査の過程で、含み損の存在を認識できれば、含み損に対して相応の引当金を計上して決算を行えば足りるのである。含み損を財務諸表に反映させれば、有価証券報告書の虚偽記載を回避し、経営者としての責任を果たすことが出来たのではないかとの思いを抱く。

この点を考えると、これまで全く報道されていないが、世間には、一見、一流と評価されながらも、利益のためであれば、平気で何でも請負という隠蔽工作の積極的・消極的な協力者が存在することを無視できない。遵法精神に乏しく、モラルに反する協力者の行動に対して、情けなさと強い

憤りの念を禁じえない。山一事件における「信託銀行2行」、「大口顧客」、「国際的なアカウンティングファーム」の存在は、正にその典型である。コンプライアンス優先か利益至上主義の経営かの選択は、本音と建前のアンバランスに見られるとおり、必ずしも建前が常に優位の状況にはない。これらの協力者に対し社会的な制裁を課す仕組みがなければ、切羽詰った経営者による不正経理を根絶することなど不可能である。

山一事件は、不正経理を撲滅し、的確な財務情報公開制度を維持するためには、隠蔽工作の当事者のみならず、協力者・加担者に対しても、相応の罰則を課すように社会の仕組みを改善しなければ、健全な証券市場を維持することが至難であることを示している。監査制度の強化と並行して解決すべき重要な課題である。

4　結びに代えて

山一事件は、山一の会計帳簿に記録されない顧客の運用損失を、山一が何らかの理由によって負担したことに端を発したようだが、損失の発生が監査の対象となる会計帳簿の記録として存在しないという特異な事件である。しかも、複数の信託銀行の自ら国債を所有しているという報告によって、含み損を抱えた有価証券を所有する別会社へ辿り着くための手掛かりが、完全に断ち切られたのである。このために、山一の経営者が問題を先送りし、株式相場の回復まで含み損を先送りするという選択が可能となり、実際、隠し続けた。この間、監督官庁である大蔵省証券局長による含み損の先送りの示唆が存在したという異例の事態も明らかになった。然し、隠し続けたことが再建の機会を奪い、経営の破綻という最悪の事態に結びつき、誰にとっても悲劇的な結果に終ったのである。

会社の不正経理がいかに大々的に、しかも、連日マスコミによって採り上げられても、その事実が監査責任の有責性を裏付けるものではない。逆に、マスコミ報道が一切なされなくても、監査人が責任を問われるケースは、多数存在する。つまり、虚偽の財務諸表作成者の責任と、この虚偽記載を発見できなかった監査人の責任を判断するための基準は異なる。山一事件における監査責任の採り上げかたは、本来、監査責任を客観的な立場から判定すべき「判定委員会」、「管財人」、そして、真実を正確に報道すべき「マスコミ」が、財務諸表作成者である山一の責任と監査人の責任を同一視することが正しい判断であるかのように世論を煽った。その原因は、山一による隠蔽工作の実態を調査し正確に把握すべき「判定委員会」が、義務を履行しなかったことに起因する。

他方、監査人が実施した監査の内容を十分に調査・審理した「大蔵省」、「会計士協会綱紀委員会」、「綱紀審査会」、「大阪地裁・大阪高裁」は、山一による隠蔽工作の実態を理解し、実施した監査手続が監査人として正当な注意義務を果したとの判断を下した。

山一事件は、いかなる場合も自ら実施した監査手続の内容をすべて明らかにして、監査実施時に適用される監査基準・監査実施準則が求める水準の監査を実施したことを監査調書に基づいて証明することが、監査人にとしていかに大切なことであり、このことが監査人の身を守る唯一の方法であるという監査の基本原則を改めて教えて呉れた事件であった。

あとがき

山一の監査責任を巡る審理が開始された平成10年当時、監査責任を巡って下されたわが国の判決は、唯一、日本コッパース社の監査に対する判決だけであった。爾来、10年余を経過し、山一事件において、最後の訴訟が最高裁において決着した20年9月までに、監査対象の財務諸表に虚偽記載が認められるが実施した監査に過失が無いとの判決は、筆者が得た情報だけでも、4社・8件の監査に及ぶ。いずれの判決においても、裁判官は、監査人が実施した監査手続を詳細に把握し、虚偽記載を監査手続によって発見できなかった理由を審理し、監査責任の有責性を否定し、原告（株主）の損害賠償請求を棄却した。これらの判決は、財務諸表作成者の責任と監査人の責任を判断する基準が異なることを明らかにした。監査論のうえでは、「二重責任の原則」として周知のことであるが、裁判官は、経営者と監査人の責任を峻別し、監査が社会の負託に応えるために万能な制度ではなく、監査委嘱者（被監査会社）の協力がなければ成立しないという限界があること、したがって、監査人が結果責任を負うものでないことを判決において明確にした。

企業の不正経理の摘発・撲滅に対する社会の要請が強まれば強まるほど、監査業界は、財務諸表の監査制度に不可避的に内在する限界を広く社会に知らしめることが必要である。わが国の監査は、業界全体の監査可能な人員が十分でない状況のもと、監査の実施は常に事後的であり、しかも、試査によること、そのうえ、監査時間、監査資源、監査報酬など、さまざまな制約の下で行われる。近年における決算期の集中化と決算情報開示の迅速化は、監査意見形成までの時間を一段と短縮させ、監査の制約に拍車をかける。このようないびつな環境下において監査制度が社会の要請を全うするためには、何よりも、監査を受ける会社の協力が不可欠であることを強くアピールしなければならない。特別の目的のもとに監査契約を締結していない限り、監査は、経営者が提出した資料を信頼して行う。この点を明確にしなければ、「会社が組織的に不正経理を行うケースでは、その内容を隠すことが必至であるから、隠蔽することを前提に監査を行うべきである」という一見正しいように見えるが、実は、監査責任の限界を踏み外す恐れの強い論理によって、不正経理のすべてが「監査の失敗」に結び付けられ、監査責任を不当に追及されることになる。現に、筆者が経験した訴訟の原告は、法廷で異口同音に、不正を見逃しても責任を負わないのであれば監査の意味がないとの主張を繰り返した（これらの主張は裁判官により悉く否定された）。

監査人に対する訴訟が日常化している米国では、判例を積み重ねた「市場の詐欺理論」によって、組織的な隠蔽工作が行われた場合に監査人が責任を追及されることがないことは、社会の共通認識とされている。山一事件を調査し、度々東京地裁における法廷の審理を傍聴したニューヨークで活躍中の弁護士は、米国では第三者が隠蔽工作に関与して監査人を騙した事件において監査責任を問われることがない、つまり、山一事件が米国で発生したとすれば、監査責任を問われることがないことを断言した。悲しいかなわが国では、「市場の詐欺理論」に関する文献・事例の紹介はなされているが、監査責任のあり方に関し、マスコミを始めとし社会一般に、そこまでの認識はなく、不正経理の存在イコール「監査の失敗」と一方的に極め付けてしまうことが多い。株式会社制度を巡る改革の中で、委員会設置型の統治制度の採用、内部統制システムの整備・運用を義務付けるなど米国型の法規制の導入が相次ぐが、監査責任のあり方に関しても、豊富な判例を有する米国の取り扱いを見習って欲しいものである。監査責任に関する判例が少ない状況の下で、山一の監査責任の有無を正面から取り上げて、多額な含み損が存在したにも拘わらず、監査人が実施した監査手続に過失がないという大阪地裁・大阪高裁における3件の判決は、「市場の詐欺理論」の趣旨がわが国でも認められたのであり、監査業界にとって意義のあることと秘かに自負する。

筆者は、昭和38年12月に初めて山一證券の監査に従事し、その直後、昭和40年に最初の日銀による特別融資事件を経験した。当時の監査責任者　故中瀬宏通公認会計士は、厳正な監査を実施して日銀特融を受ける直前の39年9月決算期の監査において、数十億円の貸倒引当金の追加計上を要するという「限定付適正意見の監査報告書」を提出した。このため山一が突然、日銀特融を受ける事態に陥っても監査責任が問題とされることがなかった。当時の山一の資本金は80億円と記憶する。

監査報告書を提出した翌40年の国会で、監査人が山一の財務諸表に対し「限定意見」を付けていたことが国会で採り上げられたので、筆者は、以後、40年余りの監査業務において、監査意見が如何に重要な使命を担うか、監査人として主張すべきことは必ず主張すること、監査意見が問題となるのは監査意見表明後、相当の時を経過してからであることを強く意識し、形成しようとする監査意見に後日、問題の発生する余地がないかどうかを慎重に検討して監査に従事した。

それだけに、平成9年11月22日未明、突然、山一役員から、経営破綻に関する記事が本日の朝刊に掲載されることになったとの連絡を受けたことは、正に、青天の霹靂であった。朝刊の配達を待って、「山一証券　自主廃業へ」との報道を目にして以来、山一事件から離れることの出来ない人生となった。幸いにも、長い間に亘って訴訟活動をサポートしてくれた多くの公認会計士の方々をはじめ、監査論を研究されている先生方、証券取引法ならびに信託実務の専門家、さらには、訴訟代理人の弁護士など大勢の専門家の協力を得て、事件報道から11年目に最後まで残っていた株主オンブズマン訴訟においても監査に過失が無いとの大阪高裁の判決に続き、最高裁の上告棄却の決定が下され、山一事件に区切りをつけることが出来た。既に数年前に公認会計士としての監査業務から離れているが、筆者が山一の監査及び破綻後に経験した事柄は、実に多様であった。そして、監査という職業に就くことが、一旦問題が起きれば、一方的に監査責任を追及する報道によっていかに理不尽な立場におかれるものであるかを思い知らされた。それだけに、この経験が不正経理問題へ対処すべき公認会計士が監査に過失の無いことを立証するために少しでも役立つことができればとの願いが強い。

事件発生後10年余が経過し、山一グループの監査に従事した多くの仲間が既に散り散りになっているが、長い間一緒に戦ってくれた「山一監査チーム」の面々をはじめ、訴訟への対応活動を強力に支えてくれた多くのスタッフの方々、協力していただいた専門家各位に対し衷心よりお礼を申し上げる次第である。

さらに、監査責任を全うしたことを明らかにするために、事件の解明作業に没頭した筆者の様々な質問に対して、経営の破綻が発表されてからは、一転して、山一の役員・社員・ＯＢの誰もが、既に新しい職場へ転職され、或いは、退社後現役を離れていたにも拘わらず、転職先などから駆けつけて解明作業に協力し、真実を明らかにして呉れた。一歩遅れてしまったことに悔いは残るが、この協力は心強く有難かった。

最後に、９年11月22日に山一の破綻が報道されて以来、一時は、正に連日・連夜の新聞・テレビなどのマスコミによる監査人に対するバッシングに耐えて、ここに辿り着くまで筆者を陰で支えてくれた妻敏子に感謝して筆を擱く。

本書の出版に際し、東洋出版の皆様には多大なご協力を賜ったこと及び直接ご担当の石田良治副編集長のご尽力に対し心よりお礼申し上げる次第である。

引用・参考文献

『会社がなぜ消滅したか』（読売新聞社会部　新潮社　一九九九）
『VARDAD』（KKベストブック　一九九八）
『医療と裁判』（石川寛俊著　岩波書店　二〇〇四）
『裁判官が日本を滅ぼす』（門田隆将著　新潮社　二〇〇三）
『裁判のカラクリ』（山口　宏・福島隆彦著　講談社　二〇〇〇）
『ザ・監査法人』（早房長治著　彩流社　二〇〇六）
『企業スキャンダルと監査法人』（岸見勇美著　光人社　二〇〇六）
『公認会計士の任務懈怠とその責任』（日本監査役協会　月刊監査役№524）
『会計監査人の民事責任』（日本監査役協会　月刊監査役№537）
『有価証券報告書の虚偽記載と監査法人の責任』（商事法務研究会　旬刊商事法務№1854）

伊藤　醇（いとう　じゅん）

1939年　函館市にて出生
1963年　公認会計士二次試験合格
　　　　公認会計士中瀬宏通事務所にて監査業務に従事
1965年　中央大学商学部卒業
1967年　公認会計士登録
1968年　監査法人中央会計事務所の設立により移籍
2004年　同法人（中央青山監査法人に名称変更）を退職
2004年　公認会計士・税理士事務所登録　現在に至る

山一證券監査の経歴

1963年　中瀬宏通事務所にて監査補助者として初めて従事
1969年　監査法人設立により引き続き監査補助者として従事
1979年　監査責任者（関与社員）として従事
　　　　監査責任者として1998年（平成10年3月期）の監査まで従事

命燃やして　山一監査責任を巡る10年の軌跡

二〇一〇年五月七日　第一刷発行
二〇一二年九月一五日　第三刷発行

定価はカバーに表示してあります

著　者　伊藤《いとう》　醇《じゅん》
発行者　田辺修三
発行所　東洋出版株式会社
東京都文京区関口1-23-6, 112-0014
電話（代表）03-5261-1004
振替　00110-2-175030
http://www.toyo-shuppan.com/
印　刷　日本ハイコム株式会社
製　本　ダンクセキ株式会社

 ISBN 978 - 4 - 8096 - 7621 - 5